CAMBRIDGE LIBRARY COLLECTION

Books of enduring scholarly value

Perspectives from the Royal Asiatic Society

A long-standing European fascination with Asia, from the Middle East to China and Japan, came more sharply into focus during the early modern period, as voyages of exploration gave rise to commercial enterprises such as the East India companies, and their attendant colonial activities. This series is a collaborative venture between the Cambridge Library Collection and the Royal Asiatic Society of Great Britain and Ireland, founded in 1823. The series reissues works from the Royal Asiatic Society's extensive library of rare books and sponsored publications that shed light on eighteenth- and nineteenth-century European responses to the cultures of the Middle East and Asia. The selection covers Asian languages, literature, religions, philosophy, historiography, law, mathematics and science, as studied and translated by Europeans and presented for Western readers.

A Grammar of the Mahratta Language

Marathi, an official language of Maharashtra and Goa, is among the twenty most widely spoken languages in the world. The southernmost Indo-Aryan language, it is also spoken in Gujarat, Madhya Pradesh, Karnataka, and Daman and Diu, and is believed to be over 1,300 years old, with its origins in Sanskrit. First published in 1805, this grammar of Marathi (then known as Mahratta) was compiled by the Baptist missionary William Carey (1761–1834) during his time in India. Its purpose was to assist Carey's European students at Fort William College in their learning of the language, and it is comprehensive in its coverage, providing numerous examples. Containing detailed descriptions of Marathi's Devanagari alphabet, its word and sentence formation, and its complex tense, voice, gender, agreement, inflection, and case systems, the work remains an invaluable resource for linguists today. Carey's 1810 dictionary of Marathi is also reissued in this series.

T0381661

Cambridge University Press has long been a pioneer in the reissuing of out-of-print titles from its own backlist, producing digital reprints of books that are still sought after by scholars and students but could not be reprinted economically using traditional technology. The Cambridge Library Collection extends this activity to a wider range of books which are still of importance to researchers and professionals, either for the source material they contain, or as landmarks in the history of their academic discipline.

Drawing from the world-renowned collections in the Cambridge University Library and other partner libraries, and guided by the advice of experts in each subject area, Cambridge University Press is using state-of-the-art scanning machines in its own Printing House to capture the content of each book selected for inclusion. The files are processed to give a consistently clear, crisp image, and the books finished to the high quality standard for which the Press is recognised around the world. The latest print-on-demand technology ensures that the books will remain available indefinitely, and that orders for single or multiple copies can quickly be supplied.

The Cambridge Library Collection brings back to life books of enduring scholarly value (including out-of-copyright works originally issued by other publishers) across a wide range of disciplines in the humanities and social sciences and in science and technology.

A Grammar of the Mahratta Language

*To Which are Added Dialogues
on Familiar Subjects*

WILLIAM CAREY

CAMBRIDGE
UNIVERSITY PRESS

CAMBRIDGE UNIVERSITY PRESS

Cambridge, New York, Melbourne, Madrid, Cape Town,
Singapore, São Paolo, Delhi, Mexico City

Published in the United States of America by Cambridge University Press, New York

www.cambridge.org
Information on this title: www.cambridge.org/9781108056311

© in this compilation Cambridge University Press 2013

This edition first published 1805
This digitally printed version 2013

ISBN 978-1-108-05631-1 Paperback

A

GRAMMAR

OF THE

MAHRATTA LANGUAGE.

TO WHICH ARE ADDED

DIALOGUES ON FAMILIAR SUBJECTS,

BY W CAREY,

*TEACHER OF THE SUNGSCRIT, BENGALEE AND MAHRATTA
LANGUAGES IN THE COLLEGE OF FORT WILLIAM,*

SERAMPORE,

Printed at the Mission Press.

1805.

PREFACE.

THE successes which have lately crowned our military operations, have added several rich and important provinces to the British Empire in India. The Mahratta language is universally spoken in some of these provinces, and throughout the whole of those states from which it is denominated.

A line drawn across the peninsula in the latitude of Visiapore, will nearly express the southern boundary of this language, and another at a small distance from *Oojjuyin*, in about twenty-four degrees north latitude, will nearly mark its northern limits. From east to west its extent is various, but it may, in general, be reckoned to be spoken from the mountains which separate Bengal, Bahar, and Orissa from the countries immediately west of them, to the western side of the peninsula, and the province of Guzerat.

The study of this language having been lately intro-
duced into the College of Fort William (an institution
which will always reflect the highe t honour on its No-
ble Founder and Patron) elementary books became ab-
solutely necessary; and the office of teaching it having
been confided to the author of the following work, he
thought it a part of his duty to do the utmost in his
power towards facilitating the acquisition thereof by
attempting this grammar.

Every one must be sensible of the difficulty of redu-
cing to rules a language which has hitherto been almost
wholly neglected. On this account it is hoped the pub-
lic will put the best construction on any imperfections
which may attend a first attempt. A grammar of this
language was, indeed, written, many years ago, in the
Portuguese tongue, but the writer of this, not having
been able to procure a copy of it, could not derive any
assistance from the labours of its author, and has there-
fore been obliged to strike out a plan of his own.

Very considerable assistance has been received from

the observations of Vidyunath, the chief Mahratta pundit in the College of Fort William, whose zeal and ability are highly honourable to himself, and promise to be of great advantage to those students who may engage in the study of this language.

The character used in the Mahratta states, in all writings which relate to business, is the Moorh, but among men of learning the Devu Nuguri is the best known, it being the character in which their books are written. This, and the superior fitness of that character to express grammatical niceties with precision, may be a sufficient apology for its use in the following work.

Some familiar dialogues, upon common subjects, are added, by way of Appendix, which may serve for exercises to the student, and will be a sufficient introduction to the study of writings of a higher class.

This grammar is now submitted to the candour of the public. If it be found to yield assistance in acquiring a language, which introduces to our acquaintance so many millions of our fellow creatures, to whose customs, commerce, wants, and interests we have hitherto been, necessarily, strangers, it will be esteemed a sufficient compensation for the time spent in writing and preparing it for the press.

W. CAREY.

Serampore, 18th March 1805.

A GRAMMAR, &c.

BOOKS in the Mahratta language are generally written in the Devunaguri character, but the character commonly used in business is the Moorh. The system of that alphabet and the Devunaguri is the same. Types in the Moorh character not having yet been cast in Bengal, the Devunaguri will be used in this work.

SECTION I.

Of the Letters, (अक्षर).

CONSONANTS.

1. Class.	क	k	ख	kh	ग	g	घ	gh	ङ ng
2. Class.	च	ch	छ	chh	ज	j	झ	jh	ञ ng
3. Class.	ट	t	ठ	t'h	ड	d	ढ	d'h	ण n
4. Class.	त	t	थ	th	द	d	ध	dh	न n
5. Class.	प	p	फ	ph	ब	b	भ	bh	म m
Miscellaneous.	य	y	र	r	ल	l	व	w	—
	श	sh	ष	sh	स	s	ह	h	ळ lr

क्ष *ksh* and ज्ञ *jn* are generally added. ळ being wanting in the common alphabet, क्ष, though a double lettter, is made the last character, to compleat the number of letters.

VOWELS.

अ *u**	आ a	इ *i*	ई ee
उ *oo*	ऊ oo	ऋ *roo*	ॠ roo
ऌ l*roo*	ॡ lroo	ए e	ऐ i
ओ o	औ ou	अं ung	अः uh

In the Moorh alphabet the long vowels, and the two first nasals of the Dev*u*nag*u*ri system are wanting.

The pronunciation of nearly all the characters will be evident on comparing them with the Roman letters placed by them, to represent their sounds, but some of the sounds, particularly those of the ण, ळ and ष, cannot be acquired without a teacher.

1. The letters are fifty in number, of which thirty-four are consonants (व्यञ्जन), and sixteen vowels स्वर.

2. The first twenty-five consonants are called वर्गीय, *classed*, being formed into five regular classes (वर्ग); and the last nine are called अवर्गीय, *miscellaneous*.

In expressing Indian sounds by English letters, *a* must be invariably sounded as in f*a*ther, *e* as *a* in n*a*me, *i* as in h*i*s, i as in time, *o* as in robe, *u* as in b*u*t, ee as in re*e*d, *oo* as in g*oo*d, oo as in food, and *ou* as in s*ou*l.

3. The first and third letters in each class of the consonants are unaspirated (अल्पप्राण), the second and fourth are aspirated (महाप्राण), and the last letter is the nasal (सानुनासिक), expressed by the organ by which that class is pronounced.   and
ँ are the proper representatives of every nasal letter. The first of these, called अनिस्वर, has exactly the sound of the English ng in sing, and the other, called चन्द्रविन्दु, makes the vowel over which it is placed strongly nasal.

4. The vowels are divided into *similar ones* (समान), as, अ and अ, अ and आ, उ and ऊ, इ and ई; and *dissimilar ones* (असमान), as, अ and इ, इ and उ, *i. e.* every short vowel is similar to itself and its corresponding long vowel; and every long vowel similar to itself and its corresponding short vowel, but dissimilar to all others.

5. य, र, ल, व and ह are the semi-vowels.

6. Every consonant is supposed to have the vow-el अ inherent in it, on which account it is necessary to compound the letters when two consonants come together without an intervening vowel.   *Ex.* बल must be pronounced bu*lu*, and ह्ल bl*u*.

7. Any two letters may be compounded by plac-ing them one over the other, and in some cases in contact side by side.   When this is done, the upper, or left hand letter, must be pronounced first.   In com-mon writing the latter mode is the most generally used.

8.   To form many of these combinations one of the letters loses its original form, and assumes one entirely different.   An example of these forms con-nected with क follows, viz. क्य, ky*u*, क्र, kr*u*, क्न, kn*u*, क्ल, kl*u*, क्म, km*u*, क्व, kw*u*, and र्क, rk*u*.

9.   अ being inherent in every consonant, it is obvious, that a vowel following a consonant would

not make one syllable with it: for instance, क इ must not be pronounced k*i* but k*ui*.

10. To remedy this, every vowel has an appropriate representative mark which is joined to the consonant, and, occupying the place of the inherent अ, forms a new letter, which includes the sound of the superadded vowel. An example of these forms connected with क follows, viz. का, ka, कि, k*i*, की, kee, कु, k*oo*, कू, koo, कृ, kr*i*, कॄ, kree, कॢ, kl*i*, के, ke, कै, ki, को, ko, कौ, kou, कं, kung, कः, kuh. These, and the foregoing representative signs of consonants, may be put after any other consonant, or compound letter.

11. This mark ् denotes that the inherent अ is suppressed. *Ex.* तत्, *tut*, not t*u*t*u*.

Of the permutation of Letters, (सन्धि).

When two letters come together under certain circumstances, they coalesce into one. This is accomplished by one of them undergoing some change. In the colloquial languages of India this most frequently occurs when two distinct words being united appear to be but one, but it is also sometimes necessary in affixing the terminations of inflected words.

Of the permutation of Vowels.

1. Similar vowels coalesce and form one long vowel. *Ex.* देव and असुर form देवासुर, *a god and an infernal spirit.*

2. इ, उ, ऋ and ऌ (including their corresponding long vowels), if preceded by अ, or आ, coalesce therewith, and suffer the change called goon,

viz. इ is changed for ए, उ for ओ, ऋ for अर्, and ऌ for अल्. *Ex.* परम and ईश्वर form परमेश्वर, *the excellent Lord.* वेद and उक्ति form वेदोक्ति, *an expression in the* Vedu.

3. ए, ऐ, ओ, or औ preceded by अ or आ coalesce therewith, and suffer the change called vriddhi, viz. अ is changed to आ, इ* to ऐ, उ to औ, ऋ to आर्, ऌ to आल्, ए to ऐ and ओ to औ. ऐ and औ coalesce with the अ or आ without suffering any alteration. *Ex.* एक and एक form एकैक, *one by one.*

4. ऋत, *affected with,* following अ or आ, when it forms a compound word of the third class, requires vriddhi, being an exception to Rule 2. *Example,* शोकार्त्त, *sorrowful.* There are a few other exceptions, but being seldom used they are omitted here.

* In this and the preceding rule the long vowels are changed into the same letters as their corresponding short ones.

5. When any vowel, अ and आ excepted, is followed by a dissimilar vowel, it undergoes the following change, viz. इ and ई are changed to य; उ and ऊ to व; ऋ and ॠ to र; ऌ and ॡ to ल; ए to अय्; ऐ to आय्; ओ to अव्, and औ to आव्. *Ex.* अति and आवश्यक, form अत्यावश्यक, *great necessity.* अति and उत्तम form अत्युत्तम, *very excellent.*

Of the permutation of Consonants.

6. Any letter of the fourth class (त-वर्ग), followed by one of the second (च-वर्ग), or the third (ट-वर्ग), is changed into that letter. *Ex.* सत् and चरित्र form सच्चरित्र, *good conduct.*

7. If the first, second, or fourth letter in any class (वर्ग) be followed by the third or fourth letter in its own or any other class, or by a vowel, a semivowel, or a nasal, it is changed to the third letter of its own class. *Ex.* सत् and गुण form सद्गुण,

a good quality. तत् and उपर form तदुपर, *upon that.*

8. Any letter of the fourth class followed by ल is changed to ल. *Ex.* सत् and लोक form सल्लोक, *good people.*

9 An aspirated letter followed by an aspirated letter becomes soft.

10. The first letter of any class followed by a nasal, is changed into the nasal of its own class. *Ex.* तत् and मध्ये form तन्मध्ये, *in the midst of it.*

11. If श, followed by a vowel, a semi-vowel, or a nasal, follow the first letter of any class, it is changed to छ; and ह in the same circumstances is changed to the fourth letter of that class. *Ex.* तत् and शरीर form तच्छरीर *that body.* तत् and हित form तद्धित, *that advantage.*

12. स followed by श, or any letter of the second class, is changed to श. If followed by any letter of the third class it is changed to ष. *Ex.* मनस् and शान्ति form मनश्शान्ति, *peace of mind.* मनस् and चिन्ता form मनश्चिन्ता, *anxiety of mind.*

13. If ः follow अ, and be followed by अ, a semi-vowel, a nasal, or the third or fourth letter of any class, it is changed to उ. This उ is frequently changed to ओ by goon*. *Ex.* ततः and अधिक form ततोधिक.

14. If follow any vowel except अ or आ, and be followed by a vowel, a semi-vowel, a nasal, or the third or fourth letter of any series, it is changed to र.

15. A nasal followed by a letter belonging to any series except its own, is changed to the nasal of that series. *Ex.* शं and कर form शङ्कर, *a proper name.*

* See page 7, Rule 2.

16. A final ङ, ण, न or छ, preceded by a short vowel, is doubled if it coalesce with an initial vowel of another word. *Ex.* सन् and आत्मा form सन्नात्मा, *a pure spirit.* वृक्ष and छाया form वृक्षच्छाया, *the shadow of a tree.*

Of Nouns. (शब्द).

Nouns are distributed into six classes, viz. नामवाचक, *proper names;* द्रव्यवाचक, *names of sensible objects;* जातिवाचक, *generic names;* गुणवाचक, *names of qualities, viz. adjectives;* भाववाचक, *names of ideas, viz. abstract substantives,* and अनुकरणशब्द, *imitative sounds.*

They are further divided into प्राणिवाचक, *names of animals,* and अप्राणिवाचक, *names of inanimate things.*

Of Gender, (लिङ्ग).

1. Names of males, and of inanimate things, ending in आ, are masculine, (पुंलिङ्ग).

2. Names of females, and of inanimate things, ending in इ or ई, are feminine, (स्त्रीलिङ्ग).

3. Names of inanimate things ending in अ or a consonant, are neuter, (क्लीवलिङ्ग). These all admit of many exceptions.

4. Words ending in other vowels are not at present reducible to any rules.

Of Cases.

1. There are seven cases, viz. the nominative, accusative, instrumental, dative, ablative, possessive, and locative. These cases are respectively called कर्त्ता, कर्म्म, करण, सम्प्रदान, अपादान, सम्बन्ध, and अधिकरण An inflected word is called पद.

2. A word is prepared for inflection by inserting some letter after it, or expunging a letter from it.

3. The nominative is the simple word. The singular has no inflection; rules for the terminations of the plural follow in their proper places.

4. The accusative of words signifying animals is formed from the nominative by affixing स् or ला. Words signifying inanimate substances take no inflection in this case, unless they are personified. If personified th ey are inflected like masculine or feminine nouns.

5. The instrumental is formed by affixing न or ने. It is expressed by *by, through,* and sometimes *for.*

6. The dative is uniformly the same with the accusative.

7. The ablative of nouns which mean inanimate things is frequently made by हून, तून or ऊन. Some other word, as वर, *upon,* पास, *near,* or a word meaning some particular part of the body, is, generally put between nouns meaning animals and the above affixes. *Ex.* घोडावरून, *from upon the horse.*

8. The genitive is properly an adjective, and varies in its gender to agree with the substantive to which it belongs. It is formed by affixing चा for the masculine, ची for the feminine, चु for the neuter, and चे for all genders. It is properly expressed by 's.

9. The locative is formed by affixing त् or ई. It is expressed by *in, to, on, at* &c.

10. The plural is formed by making the vowel which precedes the affix nasal. In many instances the plural is formed by affixing the word अवधा or सर्व, *all*, regularly declined, after the word is prepared for receiving the terminations.

A Scheme of the Terminations.

	Sing.	Plur.
Nom.	—	, आ, ए.
Ac. & D.	स्, ला.	स्, ला.
Instru.	न, ने.	न. नै,
Abl.	हून्, ऊन्, तून्.	हून्, ऊन्, तून्.
Gen.	चा, ची, च, चे.	चा, ची, च, चे.
Loc.	त्, ईं.	त्, ईं.

Of Substantives ending in अ, *or a Consonant.*

11. Words ending in अ, or a consonant, are prepared to receive their inflections by inserting आ after them. *Ex.* देव is changed to देवा, in all cases except the nominative. There are a few instances in which the insertion of the आ is optional.

12. When ऊन् is affixed to form the ablative, or ईं to form the locative, no letter must be inserted.

12. Masculines which end in a consonant or अ make the nominative plural in.

देव, *a god.*

	Sing.	Plur.
N	देव, *a god.*	देवं, *gods.*
A.	देवास्, देवाला, *god.*	देवांस्, देवांला *gods.*
I.	देवान, देवाने, *by a god.*	देवांन, देवांने, *by god.*
D.	देवास्, देवाला, *to a god.*	देवांस्, देवांला, *to god.*
A.	देवापासून्, *from a god.*	देवांपासून्, *from gods.*
G.	देवाचा, *a god's.*	देवांचा, *gods'*
L.	देवात्, *in a god.*	देवांत्, *in gods.*

The genitive masculine is देवाचा, fem. देवाची, neut. देवाच, and com. देवाचे. The plural is formed in the same manner.

13. Feminines and neuters with a final consonant or अ, make the nominative plural in आ.

णनन्द, *a husband's sister.*

	Sing.	Plur.
N.	णनन्द.	णनन्दा.
A.&D.	णनन्दास्, —ला.	णनन्दांस्, —ला.
I.	णनन्दान, —ने.	णनन्दांन, —ने.
A.	णनन्दापासून्.	णनन्दांपासून्.
G.	णनन्दाचा, ची, च, चे.	णनन्दांचा, ची, च, चे.
L.	णनन्दात्.	णनन्दांत्.

14. Many neuters, and perhaps some other nouns ending in अ or a consonant, are prepared for inflection by inserting ए before the terminations in the oblique cases singular.

नाव, *a boat.*

	Sing.	Plur.
N.	नाव.	नावा.
A.&D.	नाव.	नावा.

	Sing.	Plur.
I.	नावेन, —ने.	नावांन, —ने.
A.	नावहून, —तून.	नावांहून, —तून.
G.	नावेचा, ची, च, चे.	नावांचा, ची, च, चे.
L.	नावेत.	नावांत.

Of words ending in आ.

15 य must be inserted before a final आ to prepare the word for inflection.

16. Masculines in आ make the plural nominative in ए.

ससरा, *a husband's or wife's father.*

	Sing.	Plur.
N.	ससरा.	ससरे.
A.&D.	ससऱ्यास, —ला.	ससऱ्यांस, —ला.
I.	ससऱ्यान, —ने.	ससऱ्यांन, —ने.
A.	ससऱ्यापासून.	ससऱ्यांपासून.

	Sing.	Plur.
G.	ससऱ्याचा, ची, च, चे.	ससऱ्यांचा, ची, च, चे.
L.	ससऱ्यात.	ससऱ्यांत.

17. If य precede the final आ the insertion of य is superseded thereby.

18. The nominative plural of feminines and some neuters in आ is made by आं.

आत्या, *a father's sister.*

	Sing.	Plur.
N.	आत्या.	आत्यां.
A.&D.	आत्यास, आत्याला.	आत्यांस, आत्यांला.
I.	आत्यान, आत्याने.	आत्यांन, आत्यांने.
A.	आत्यापासून.	आत्यांपासून.
G.	आत्याचा, ची, च, चे.	आत्यांचा, ची, च, चे.
L.	आत्यात.	आत्यांत.

लाडगा, *a leopard.*

	Sing.	Plur.
N.	लाडगा.	लाडगे.
A.&D.	लाडग्यास्, —ला.	लाडग्यांस्, —ला.
I.	लाडग्यान, —ने.	लाडग्यांन, —ने.
A.	लाडग्याजवळून,	लाडग्यांजवळून
G.	लाडग्याचा, ची, च, चे.	लाडग्यांचा, ची, च, चे.
L.	लाडग्यात्.	लाडग्यांत्.

19. There being no increment affixed to the accusative and dative of nouns signifying inanimate things, the insertion of य does not take place in those cases.

आंबा, *a mango.*

	Sing.	Plur.
N.	आंबा.	आंबे.
A.&D.	आंबा.	आंबे.
I.	आंब्यान, आंब्याने.	आंब्यांन, आंब्यांने.

	Sing.	Plur.
A.	आंब्यातून्, —हून्.	आंब्यांतून्, —हून्.
G.	आंब्याचा, ची, च, चे.	आंब्यांचा, ची, च, चे.
L.	आंब्यात्.	आंब्यांत्.

Of words with a final इ *or* ई.

20. Masculines terminating in इ or ई, change it to य before the terminations of the cases.

जावाई, *a daughter's husband.*

	Sing.	Plur.
N.	जावाई.	जावांई.
A.&D.	जावायास्, —ला.	जावायांस्, —ला.
I.	जावायान, —ने.	जावायांन, —ने.
A.	जावायाणासून्.	जावायांणासून्.
G.	जावायाचा, ची, च, चे.	जावायांचा, ची, च, चे.
L.	जावायात्.	जावायांत्.

21. Feminines and neuters in इ or ई, receive the terminations in the singular without any further preparation. In the plural the final is changed to य.

साळी, *a wife's sister.*

	Sing.	Plur.
N.	साळी.	साळ्या.
A.&D.	साळीस, —ला	साळ्यांस, —ला.
I.	साळीन, —ने.	साळ्यांन, —ने.
A.	साळीपासून.	साळ्यांपासून.
P.	साळीचा, ची, च, चे.	साळ्यांचा, ची, च, चे.
L.	साळीत.	साळ्यांत.

लेखणी, *a pen.*

	Sing.	Plur.
N.	लेखणी.	लेखण्यां.
A.&D.	लेखणी	लेखण्यां.
I.	लेखणीन, —ने	लेखण्यांन, —ने.
A.	लेखणीहून, तून.	लेखण्यांहून, —तून.
P.	लेखणीचा, ची, च, चे.	लेखण्यांचा, ची, च, चे.
L.	लेखणीत.	लेखण्यांत.

Of Nouns with a final उ *or* ऊ.

22. Masculines in उ or ऊ change their final to आ before the terminating syllable in all the oblique cases.

लेकरू, *a male child.*

	Sing.	Plur.
N.	लेकरू.	लेकरें.
A.&D.	लेकरास्, —ला.	लेकरांस्, —ला.
I.	लेकरान, —ने.	लेकरांन, —ने.
A.	लेकरापासून.	लेकरपासून.
G.	लेकराचा, ची, च, चे.	लेकरांचा, ची, च, चे.
L.	लेकरात्.	लेकरांत्.

23. Feminines and neuters in उ or ऊ require no preparation in the singular. In the plural व is substituted for the final letter.

जाऊ, *a brother's wife*, (so called by another brother's wife.)

	Sing.	Plur.
N.	जाऊ.	जावां.
A.&D.	जाऊस्, जाऊला.	जावांस्, जावांला.
I.	जाऊन, जाऊने.	जावांन, जावांने.
A.	जाऊपासून.	जावांपासून.
P.	जाऊचा, ची, च, चे.	जावांचा, ची, च, चे.
L.	जाऊत्.	जावांत्.

24. Common nouns in उ or ऊ are declined as masculines.

वासरू, *a calf*,

	Sing.	Plur.
N.	वासरू.	वासरं.
A.&D.	वासरास, —ला.	वासरांस्, —ला.
I.	वासरान, —ने.	वासरांन, —ने.
A.	वासरापासून.	वासरापासून.
G.	वासराचा, ची, च, चे.	वासरांचा, ची, च, चे.
L.	वासरात्.	वासरांत्.

लाडू, *a sort of sweet-meat.*

	Sing.		Sing.
A.	लाडू.	P.	लाडूहून —हून.
G.&D.	लाडू.	A.	लाडूचा, ची, च, चे.
I.	लाडून, लाडूने.	L.	लाडूत.

The plural is wanting.

Of words with a final ए.

25 There are very few words which end in ए. They are prepared for inflection by changing the final letter into य.

मिरे, *pepper,* (collective).

	Sing.
N.	मिरे.
A.&D.	मिरे.
I.	मिऱ्यान, मिऱ्याने.
A.	मिऱ्याहून.
G.	मिऱ्याचा, —ची, —च, —चे.
L.	मिऱ्यात.

This word has no plural.

Of words with a final ओ.

26. Some few words ending in ओ change it optionally to अव् in the singular number, but others affix the termination without any preparation. In the plural the final ओ is changed to आं.

बायको, *a woman.*

	Sing.	Plur.
N.	बायको.	बायका.
A.&D.	बायकोस्, —ला.	बायकांस्, —ला.
I.	बायकोन्, —ने.	बायकांन, —ने.
A.	बायकोपासून्.	बायकांपासून्.
P.	बायकोचा, ची, च, चे.	बायकांचा, ची, च, चे.
L.	बायकोत्.	बायकांत्.

विस्तो, *fire.*

	Sing.
N.	विस्तो.
A.&D.	विस्तो.
I.	विस्तवान, विस्तोन, विस्तवाने, विस्तोने.

Sing.

A. विस्तोहून्, विस्तवाहून्.

G. विस्तोचा, ची, च, चे. विस्तवाचा, ची, च, चे.

L. विस्तोत्, विस्तवात्.

This word has no plural.

Observations on the Substantives.

1. The accusative in स् is sometimes used, especially in the gerunds of verbs, to denote *for, for the purpose of, on account of,* &c. *Ex.* करायास्, *for the purpose of doing.*

2. The terminations of the ablative case cannot be indifferently used the one for the other. हून् forms the proper ablative, expressed by *from.* तून् is made by the syllable ऊन् affixed to the termination of the locative case, and signifies *from within,* and ऊन् is only affixed to those particles of speech which, though affixed to words in the Indian languages, answer the purpose of prepositions in others. *Ex.* ते घराहून् गेलेत्, *he went from the house.* ते घरातून् आलेत्, *he came out of, or from within the house.* पाणी

घरावरून् खालते पडत, *water falls from upon the house.*

3. Words meaning animals always require a particle followed by ऊन् to express the ablative case. *Ex.* पित्याजवळून्.

4. The vocative does not terminate differently from the nominative, but is simply connected with the vocative particle. These particles differ according to the quality of the person addressed, or the respect or disrespect intended to be shown to him. The signs of the vocative follow: viz. रे, अरे, masc. ग, गे, अग, अगे, fem. expressive of familiarity or contempt. अहो, हे, हो, expressive of respect.

5. The vocative particle may either precede or follow the word to which it belongs, but in the latter case the vocative signs with the initial अ

are not used. *Ex.* अरे भाऊ or भाऊरे, *O brother,* अगमाय or मायग, *O mother,* अहो चाका or काकाहो, *O uncle,* हे ईश्वर, *O Lord.*

6. Sometimes the vocative sign follows the verb. In this case the name of the person addressed is omitted. *Ex.* मालां गेलोंरे, *I am killed.*

7. ही and च are frequently added to nouns and pronouns to make them emphatic.

8. अनन्तर, *besides, beyond,* पावेतो, पर्य्यन्त, *until,* मध्ये, *in the midst, within,* वर, *upon,* पास, *near, by,* विणा, *except, besides,* अवघा, *all,* साटी, करितां, स्तव, कारण, निमित्त, and वाचून, *for,* प्रति, *to,* कडे, *towards,* अपेक्ष, *than,* and some other words, are frequently joined to substantives in the same manner as the terminations of the cases. The substantive is previously

prepared as for the regular inflections. *Ex.* जेवूं त्यानन्तर, *after eating*, त्यादिवसापावेतों, *until that day.*

9. Abstract substantives are formed by affixing पण, उक, ता, or त्व. *Ex.* लेंकुरपण, *childhood.* म्हातारपण, *old age.* समजणुक, *knowledge.* सुशीलता, *good-naturedness.* महत्व, *greatness.*

10. Nouns which denote the doer of any thing are formed by affixing ऊ to the root of any verb, the last syllable being previously rejected. *Ex.* वाटसरू, *a traveller*, from वाट, *a road*, and सरणें, *to accomplish any thing.* यात्रकरू, *a pilgrim.*

SECTION IV.

OF ADJECTIVES.

Of the gender of adjectives.

1. Adjectives vary in their gender to agree with the substantive to which they belong. The masculine gender usually ends in आ, the feminine in ई, and the neuter in अ.

2. Some adjectives form the masculine in मान् or मन्त, and others in वान् or वन्त. The feminine of the first of these is made by मती and that of the others by वती. The neuters of these adjectives should be made by मत् and वत्, but are seldom used.

3. Many Sungskrit participles, and some other adjectives which end in अ, make the masculine and neuter in अ and the feminine in आ.

Of the declension of adjectives.

4. Adjectives have no inflection of case, unless put absolutely, or instead of a substantive. The adjective generally forms a compound word with its substantive.

Of the comparison of adjectives.

5. The comparative degree is formed by affixing तर. *Ex.* दृढतर, *firmer.*

6. The comparative is frequently made by affixing the word अपेक्ष, *more than,* to the word or sentence with which another word or sentence is compared. *Ex.* त्यापेक्षबर, *better than that.*

7. The superlative is formed by the words फार, *great, very,* अति, *very,* अत्यन्त, *exceedingly,* &c. *Ex.* अत्यन्त बर, फार बर, अति बर, *very good.*

Of the formation of adjectives.

Most of the Sungskrit rules for forming adjectives are used in this language; but as it would be tedious to give them all, only a few of the most useful are mentioned here.   Dictionaries must be consulted for the rest.

8.   Those adjectives which denominate a thing from its being in any particular place are formed by affixing स्थ to the name of that place. *Ex.* ग्रामस्थ, *situated in the vilage.* सभास्थ, *in assembly.*

9.   Adjectives which denominate a thing from its being produced from some thing or circumstance, are formed by affixing उत्पन्न to the name of that thing, &c. *Ex.* वनोत्पन्न, *produced in the forest.*

10. Adjectives which denominate any thing from its having the quality of conferring some thing, are formed by affixing दाता or दायी, to the name of that thing. *Ex.* आनन्ददाता or आनन्ददायी, *joy-giving*.

11. Adjectives which denominate any thing from its having the quality of effecting something or of producing somewhat, are formed by affixing कर्त्ता, कारी or कारक. *Ex.* कार्य्यकर्त्ता, कार्य्यकारी or कार्य्यकारक, *business-doing*.

12. Adjectives which denominate any thing from its being given by any one, are formed by affixing दत्त. *Ex.* देवदत्त, *goddess-given*.

13. Those which denominate a thing from its being made or done by any person or thing are formed by affixing कृत. *Ex.* ईश्वरकृत, *God-formed*.

14. Those which denominate any thing from its having a destructive property, are formed by affixing घ्न, नाशक, नाशी or हन्ता to the word which expresses that which they are calculated to destroy. *Ex.* सर्वनाशक, सर्वनाशी, *all-destructive,* शत्रुघ्न or शत्रुहन्ता, *enemy-destroying.*

15. Adjectives denominating a thing from its having a power of, or propensity to, loco-motion, are formed by affixing गामी to the word which expresses the place or situation in which it moves. *Ex.* अग्रगामी *preceding, going before.*

16. Adjectives which denominate a thing from its being involved in some thing, are formed by affixing ग्रस्त. *Ex.* चिन्ताग्रस्त, *involved in thought.*

17. Adjectives which denominate a thing from its being connected with, or possessed of something

are formed by affixing इक्त. *Ex.* प्रेमयुक्त, *affectionate.*

18. Words which denominate the inhabitants, language, or other adjunct of a country from the name of the country, are formed by affixing ई or ईय thereto. Sometimes these words are formed by increasing the first vowel of the word by vriddhi, without any affix. *Ex.* पारसी, *Persian,* द्राविर, Draviru.

19. Words which denominate a person from some ancestor are generally formed by increasing the first vowel of the ancestors name by vriddhi. *Ex.* काश्यप, *descended from Kushyup.*

20. Many adjectives which denominate any thing from its quality are formed by affixing इक to the word from which they are derived, and increasing the first vowel of the word by vriddhi.

Ex. धार्म्मिक, *religious,* from धर्म्म, *religion;* पैतृक, *paternal,* from पितृ, *a father.*

21. A number of adjectives of the same import as the above are made by affixing ई to the word. *Ex.* पापी, *sinful,* धर्म्मी, *religious.*

22. Possessives which imply the belonging to some place or point of the compass, are made by affixing ईल्ल to the word. *Ex.* तिकाडील्ल, *of that quarter.*

23. Many adjectives are formed from the roots of verbs, by rejecting the last syllable and affixing नार. *Ex.* होनार, *existing,* नविकनार, *unquenchable.* These are sometimes used as substantives.

SECTION V.

OF PRONOUNS.

1. The pronouns are मीं, *I*, तूं, *thou*, तो, *he* or *it*, ती or ते, *she*, हे, *this*, जो or जे, *who*, कोण, *who?* or *what?* कोणही, *any one*, आपण, or आपण, *self*, जो कोणही or जे कोणही, *whosoever, whatsoever.*

2. आम्ही is commonly used as the plural of मीं, but तुम्ही and ते are generally used as the honorific personal pronouns singular. The plurals of these two words are made by affixing अवघा, *all*, to the pronoun.

3. Most of the colloquial languages of India have two sorts of pronouns, the one is expressive of respect, the other conveys an idea of humility in the first person, of familiarity or contempt in the second, and in the third person neither expresses

honour nor dishonour. The first sort are called honorific, (गोरवोक्ति), the other are called inferior, (नीचोक्ति). Some condemn this distinction, and assert that the honorific pronouns are the true plurals, but custom has established it in this language.

मीं, *I.*

Sing.

N. मीं, *I.*

A. & D. मला, मज, मजला, *me.*

I. माझ्यान, माझ्यानेथ्या, *by me.*

A. माझाजासुन, *from me.*

G. माझा, की, क, के, *my.*

L. माझ्यात, *in me.*

Plur.

N. आम्ही, *we.*

A. & D. आम्हास, आम्हाला, *us.*

Plur.

I. आम्‌च्यान, आम्‌च्याने, आम्हान,
आम्हाने, *by us.*

A. आम्हाहून, *from us.*

G. अम्‌चा, —ची, —च, —चे, *ours.*

L. अम्‌च्यांत, अम्हांत, *in us.*

तूं, *thou.*

Sing.

N. तूं, *thou.*

A. & D. तुला, तुज, तुज्‌ला, *thee,*(fem.) तिला.

I. तुच्यान, तुच्याने, त्वा, ता, *by thee.*

A. तुच्यापासून, *from thee.*

G. तुका, तुकी, तुक, तुच्या, *thy.*

L. तुच्यात, *in thee.*

Plural.

N. तुम्ही, *ye* or *you.*

A. & D. तुम्हास, तुम्हाला, *you.*

Plur.

I. तुम्च्यान्, तुम्हान्, तुम्च्याने, तुम्हाने, *by you.*

A. तुमाहून्, *from you.*

G. तुम्चा, —चो, —च, —चे, —च्या, *yours.*

L. तुम्च्यांत्, तुम्हांत्, *in you.*

When तुम्ही is the singular honorific, the plural is made by affixing अवघा. *Ex.* तुम्ही अवघा. Acc. तुम्हाअवघ्यास् or तुम्हाअवघ्याला, &c.

तो, *he* or *it.*

Sing.

Masc. and Neut.

N. तो, *he.*

A. & D. त्यास्, त्याला, *him.*

I. त्यान्, त्याने, *by him.*

A. त्याहून्, *from him.*

G. त्याचा, —ची, —च, —चे, —च्य, *his.*

L. त्यात्, *in him.*

Plural.

N. ते, *they*.

A. & D. त्याहास, त्याहाला, *them*.

I. त्याहान, त्याहाने, त्याही, *by them*.

A. त्याहाहून, *from them*.

G. त्याहाचा, ची, च, चे, च्या, *their*.

L. त्याहांत, *in them*.

Sing.
Fem.

N. ती, *she*.

A. & D. तीस, तिला, तिज, तिजला, *her*.

I. तीन, तीने, तीच्यान, तीच्याने, *by her*.

A. तिजहून, *from her*.

G. तीचा, —ची, —च, —चे, —च्या, *hers*.

L. तीच्यात, *in her*.

Plural as the masculine.

Sing.
Neut.

N. ते, *it*.

A. & D. ते, *it*,

Sing.

I. त्यान, त्याने, *by it.*

A. त्यहून्, त्याहून्, *from it.*

G. त्याचा, त्याची, त्याच, त्याचे, त्याच्या, *it's.*

L. त्यात्, *in it.*

Plural as the masculine.

हा, *this.*

Sing.

Masc.

N. हा, *this.*

A. & D. यास्, याला, *to this.*

I. यान, याने, याच्यान, याच्याने, *by this.*

A. याहून्, *from this.*

G. याचा, ची, च, चे, च्या, *of this.*

L. यात्, याच्यात्, *in this.*

Plur.

N. हे, *these.*

A. & D. यहांस्, यहांला, *to these.*

Plur.

I. यहांच्यान्, यहांच्याने, *by these.*

A. याहांहून्, *from these.*

G. यहांचा, ची, च, चे, च्या, *of these.*

L. यहांत्, यहांच्यांत्, *in these.*

Sing.

Fem.

N. ही, *this.*

A. & D. इला, इज, इजला, *to this.*

I. इच्यान्, इच्याने, *by this.*

A. इजहून्, *from this.*

G. इचा, ची, च, चे, च्या, *of this.*

L. इच्यात्, *in this.*

Plural as the masculine.

Sing.

Neut.

N. हे, *this.*

A. & D. हे, *this.*

I. यान, ह्यान, याने, ह्याने, *by this.*

Sing.

A. याहून् यांतून् . *from this.*

G. याचा, याची, याच, याचे, यांच्या, *of this.*

L. यांत्, *in this.*

Plural as the masculine.

जो, *who.*

Sing.

Masc.

N. जो or जे, *who.*

A. & A. ज्यास्, ज्याला, *whom.*

I. ज्याच्यान्, ज्याच्याने, *by whom.*

A. ज्याहून्, *from whom.*

G. ज्याचा, ची, च, चे, च्या, *whose.*

L. ज्याच्यात्, ज्यात्, *in whom.*

Plural.

Masc and Fem.

N. जे, (masc.) ज्या, (fem.) *who.*

A. & D. ज्याहांस्, ज्याहांला, *whom.*

I. ज्याहांन्, ज्याहांने, *by whom.*

Plur.

A. ज्याहान्, *from whom.*

G. ज्याहांचा, –ची, –चे, –च्या, *whose.*

L. ज्याहांत्, *in whom.*

Sing.

Fem.

N. जी, *who.*

A. & D. जीस्, जिला, *whose.*

I. जीच्यान्, जिच्यान्, *by whom.*

A. जीहून्, *from whom.*

G. जीचा, ची, च, चे, च्या, *whose.*

L. जीच्यात्, *in whom.*

N. B. ते, हे, and जे are frequently used as the nominatives singular feminine of ते, हा, and जो.

Sing.

Neut.

N जे, *what.*

A. & D. जे, *what.*

I. ज्यान, ज्याने, *by what.*

A. ज्याहून, ज्याहून, *from what.*

G. ज्याचा, —ची, —च, —चे, —च्या, *of what.*

L. ज्यांत, *in what.*

Plural as the masculine.

Sing.

N. कोण, *who?*

A. & D. कोणास, कोणाला, कोण्हास,

कोण्हाला, *whom?*

I. कोणाच्यान, कोणाच्याने, कोण्हाच्यान,

कोण्हाच्याने, *by whom?*

A. कोणाहून, कोण्हाहून, *from whom?*

G. कोणाचा, कोण्हचा, ची, च, चे, च्या, *whose.*

L. कोणात, कोणाच्यात, कोण्हांत,

कोण्हाच्यांत, *in whom?*

G

The plural is made by compounding the singular with अवघ्र, *all.* *Ex.* Nom. कोणाअवघे. Acc. कोणाअवघ्यास्, &c.

कोणही, *any one.*

Sing.

N. कोणही, *any one.*

A. & D. कोणास्, केणाला, कोणहास्, कोणहाला, *any one.*

I. { कोणाच्यान, कोणाच्याने, कोणहाच्यान, कोणहाच्याने, *by any one.*

A. कोणाहून्, कोणहाहून्, *from any one.*

G. कोणाचा, कोणहाचा, ची, च, चे, च्या, *any one's.*

L. कोणांत्, कोणहांत्, *in any one.*

आपण, *self.*

Sing.

M. आपण, *my, thy,* or *himself.*

A. & D. आपणास्, आपणाला, आपल्यास, आपल्याला, —*self.*

Sing.

I. आपणाहो, आपणांच्याने, आपल्यान, आपल्याने, आपल्याच्यान, आपल्याच्याने, [*by —self*

A. अपणाहून, आपल्याहून, *from —self.*

G. आपला, ली, ल, ले, ल्या, *own.*

L. आपणांत, आपल्यांत, *in —self.*

कांहीं, *any*, is indeclinable. जा कोणही and जे कोणही, *whosoever, whatsoever*, are declined in the last member only.

SECTION VI.

OF VERBS.

1.   Mahratta verbs have eight modes, viz. The Indicative, Imperative, Subjunctive, Compound Subjunctive, Potential, Optative, Intensive and Causal.

2.   There are eight tenses, viz. The First and Second Aorist Present, the Present, the Imperfect, the Imperfect Definite, the Perfect, the Pluperfect, and the Future.

3.   There are three persons: the first मीं, *I*, the second तूं, *thou*, and the third तो, *he;* two numbers, the singular and plural, and two genders, the masculine and feminine.   N. B. There are three genders in some of the preter tenses.

4.   The root or verbal noun ends in न or णा. The last syllable is always rejected before any termination is affixed.

A scheme of the endings of a regular verb.

INDICATIVE MODE.

FIRST AORIST, PRESENT.

	Sing.	Plur.
1.	ऊं.	ऊं.
2.	इस्, एस्.	आ.
3.	ए. य. ई.	इंत्. एत्.

SECOND AORIST, PRESENT.

	Sing. Masc.	Fem.	Plur. Masc and Fem.
1.	तों इतों.	तें.	तों इतों.
2.	तास् इतास्.	तेस्.	ता इता.
3.	तो इतो.	ते.	तेत् इतेत्.

PRESENT.

	Sing. Masc.	Fem.	Plur. Masc. and Fem.
1.	इत् आहें.	इते आहें.	इत् आहों.
2.	इत् आहेस्.	इते आहेस्.	इत् आहा.
3.	इत् आहे.	इते आहे.	इत् आहेत्.

IMPERFECT TENSE.

Active verbs.

Sing.

1. ला. ली. ल. ले. ल्या.
2. ला. ली. ल. ले.
3. ला. ली. ल. ले. ल्या.

Plur.

1. ला. ली. लीत्. लं. ले. ल्या. लैत्.
2. ला. लो. लोत्. लं. ले ल्या. लेत्.
3. ला. लो. लोत्. लं. ले. ल्या. लेत्.

IMPERFECT TENSE.

Neuter or intransitive verbs.

Sing. Plur.

Masc. Fem. Masc.

1. लों. ले. लों.
2. लास्. लीस्. लेत्.
3. ला. ले. लो. लोत्. लेत्, fem. ल्यात्, लित्.

IMPERFECT DEFINITE.

	Sing. Masc.	Sing. Fem.	Plur. Masc. and Fem.
1.	इत् होतों.	इत् होतें.	इत् होतों
2.	इत् होतास्.	इत् होतीस्.	इत् होतेत्
3.	इत् होता.	इत् हेती.	इत् होतेत्

PERFECT TENSE.

Active verbs.

Sing.

1.	ला.	ली.	ल or लें आहे.
2.	ला.	ली.	ल or लें आहें.
3.	ला.	ली.	ल or लें आहें.

Plur.

1.	ला.	ली.	ल or लें आहे.
2.	ला.	ली.	ल or लें आहें.
3.	ला.	ली.	ल or लें आहें.

Neuter or intransitive verbs.

	Sing.		Plur.
	Masc.	Fem.	Masc. and Fem.
1.	लों आहे.	ले आहे.	लों आहों.
2.	ला आहेस.	ली आहेस.	ले आहा.
3.	ला आहे.	ली आहे or आहेत.	ले आहेत.

PLUPERFECT TENSE.

Active verbs.

Sing.

1.	ला होता.	ली होती.
2.	ला होता.	ली होती.
3.	ला होता.	ली होती.

1.	ल होत.	ले होते.	ल्याहोत्यात.
2.	ल होत.	ले होते.	ल्याहोत्यात.
3.	ल होत.	ले होते.	ल्याहोत्यात.

Plur.

1.	ला होता.	ली होती.
2.	ला होता.	ली होती.
3.	ला होता.	ली होती.

1.	ल होत.	ले होते.	ल्या होत्यात.
2.	ल होत.	ले होते.	ल्या होत्यात.
3.	ल होत.	ले होते.	ल्या होत्यात.

Neuter or intransitive verbs.

Sing.

	Masc.	Fem.
1.	लो होतों.	ले होते.
2.	ला होतास.	ली होतीस.
3.	ला होता.	ली होती or होतीस.

Plur.

Masc. and Fem.

1. ले होतों.
2. ले होतेत.
3. लें होतेत. Fem. ल्या होत्यात.

FUTURE TENSE.

	Sing. Masc.	Plur. Masc.
1.	ईन्.	ऊं.
2.	ईशील्.	आल्.
3.	ईल्. एल्.	तील्.

IMPERATIVE MODE.

	Sing. Masc.	Plur.
2.	—	आ.
3.	ओ.	ओत्.

Prohibitive, 2d. person sing. ऊं नको, plur. ऊं नका.

SUBJUNCTIVE MODE.

PRESENT TENSE.

	Sing.	Plur.
1.	ई, एं.	ऊं.
2.	इस्.	आ.
3.	ई, ए.	ईत्, एत्.

PRETER TENSE.

	Sing. Masc.	Fem.	Plur.
1.	तों.	तैं.	तों.
2.	तास्.	तीस्.	तेत्.
3.	ता.	ती.	तेत.

INFINITIVE MODE.

ऊं.

PARTICIPLES.

Present, इत्, त्. *Adverbial,* ऊन्.

Repeated, तां. *Passive,* ल, लेल.

GERUND.

आय.

N. B. The initial इ of these terminations is frequently omitted, and if the remaining part of the root, when the last syllable is rejected, end in a vowel, it is always rejected.

6. The first and second aorist, present tense, are formed immediately from the root, by rejecting its last syllable, and affixing the syllable directed in the foregoing scheme.

7. The present and imperfect tenses are formed by the auxiliary आहे, regularly declined, after the present participle. ए is affixed to the participle to form the feminine.

8. Some roots suffer a change in the imperfect, perfect and pluperfect tenses, and in the passive participles, before the terminations are affixed; viz.

करण	is changed to	के.
म्हनण	—	मट्.
एण,	—	आ.
जाण	—	गे.
घेण	—	घेत्.

देणा	is changed to	दि.
भीणा	—	भ्या.
पीणा	—	प्या.
घालणा	—	घात्.
सांगणा	—	सांगित्.
होणा	—	झा.
लेणा	—	ल्या.

And a few others.

9. Some roots require the insertion of इ before the affix ल of the preterperfect tenses. *Ex.* आयकिल, *he heard*, हुडकिल, *he sought.*

10. In the preter tenses (the compound ones excepted) of active and causal verbs, the agent is in the third case.

N. B. It is highly probable that this tense is always expressed by the passive participle, governed by an agent in the third case. In the

first person singular this agent is always म्यां,
and in the second त्वां, or तां.   In the first and
second person plural the agent is in the nominative
case.   The gender of the verb agrees with that
of the object, which is in the accusative case, like
that of active verbs.

11.   The perfect and pluperfect tenses of active
and causal verbs are formed by adding the pre-
sent and preter tenses of the auxiliary verb to the
imperfect tense.

12.   The future is formed by rejecting the final
syllable of the root, and affixing the syllables point-
ed out in the scheme.

13   The potential, optative, and inchoative,
are formed by conjugating the verbs सकणा, *to be
able*, इच्छणा, *to desire*, and लागणा, *to come into
contact*, respectively, after the infinitive mode.

14. The intensive is formed by conjugating the verb टाकण, *to throw*, with the adverbial participle.

15. The compound subjunctive, is formed by conjugating the verb असणा, *to remain, to be,* with the present participle, for the present and future tenses, and with the passive participle, for the preter.

16. The passive voice is formed by conjugating the verb जाणा with the passive participle.

N. B. That form of the passive participle used in the preter tenses of active verbs must be used to form the compound subjunctives and the passive voice.

17. The impersonal subjunctive is formed by constructing the third person of the verb पडन, *to fall, to befall,* with the verbal noun.

आहे, *I am.*

INDICATIVE MODE.

PRESENT TENSE.

	Sing. Masc. and Fem.	Plur. Masc. and Fem.
1.	मीं आहे, *I am.*	आम्ही आहों, *we are.*
2.	तूं आहेस्, *thou art.*	तुम्ही आहा, *ye are.*
3.	तो आहे, *he is.*	ते आहेत्, *they are.*

IMPERFECT TENSE.

Sing.

	Masc.	Fem.
1.	मीं होतों.	होते, *I was.*
2.	तूं होतास्.	होतीस्, *thou wast.*
3.	तो होता.	होती, *he was.*

Plu.

Masc.

1. आम्ही होतों, *we were.*
2. तुम्ही, होतेत, *ye were.*
3. ते होतेत्. fem. त्या होत्यात्, *they were.*

The other tenses are wanting.

करणा, *to do.*

INDICATIVE MODE.

FIRST AORIST, PRESENT.

	Sing. Masc. and Fem.	Plur. Masc. and Fem.
1.	मीं करूं, *I do.*	आम्ही करूं, *we do.*
2.	तूं करिस्, *thou dost.*	तुम्हो करा, *ye do.*
3.	तो करीं, *he doth.*	ते करीत्, *they do.*

SECOND AORIST, PRESENT.

Sing.

	Masc.	Fem.
1.	मीं कर्त्तों.	कर्त्ते, *I do.*
2.	तूं कर्त्तोस्.	कर्त्तेस, *thou dost.*
3.	तो कर्त्तों.	ती कर्त्ते, *he, she doth.*

Plur.

Masc.

1. आम्हो कर्त्तों, *we do.*
2. तुम्ही कर्त्ता, *ye do.*
3. ते कर्त्तेत्. fem. कर्त्तेत् or त्या कर्त्यात्, *they do.*

PRESENT DEFINITE.

Sing.
Masc.

1. मीं करित् आहे, or करिताहें, *I am doing.*

2. तूं करित् आहेस, or करिताहेस, *thou art d.*

3. तो करित् आहे, or करिताहे, *he is doing.*

Sing.
Fem.

1. मीं करिते आहे, *I am doing.*

2. तूं करिते आहेस, *thou art doing.*

3. ते or ती करिते आहे, *she is doing.*

Plur.
Masc and Fem.

1. आम्ही करित् आहों or करिताहों, *we are doing.*

2. तुम्ही करित् आहा, or करिताहा, *ye are doing.*

3. ते करित् आहेत् or करिताहेत, *they are doing.*

IMPERFECT TENSE.

Sing.

1. म्या केला, केली, केल, केले, केल्या, *I did.*

2. त्वा केला, केली, केल, केले, केल्या, *thou didst.*

3 त्याने केला, केली, केल, केले, केल्या, *he did.*

Plur.

1. आम्ही केला, केली, केल्या, *we did.*
2. तम्ही केला, केली, केल्या, *ye did.*
3. त्याही केला, केली, केल्या, *they did.*

Plur.

1. आम्ही केल, केले or केलेत्, *we did.*
2. तुम्ही केल, केले or केलेत्, *ye did.*
3. त्याही केल, केले or केलेत्, *they did.*

It must be observed that the gender of the verb in the imperfect, perfect and pluperfect tenses varies to agree with that of the object. The form ending in ला is masculine singular; that in ली, feminine singular and neuter plural; that in ल, neuter singular; that in ले or लेत्, masculine plural, and that in ल्या, feminine plural.

IMPERFECT DEFINITE.

Sing.
Masc.

1. मीं करित् होतों, *I was doing.*
2. तूं करित् होतास्, *thou wast doing.*
3. तो करित होता, *he was doing.*

Fem.

1. मीं करित् होते, *I was doing.*
2. तूं करित् होतीस्, *thou wast doing.*
3. तो करित् होती, *she was doing.*

Plural.
Masc. and Fem.

1. आम्ही करित् होतों, *we were doing.*
2. तुम्ही करित होतेत्, *ye were doing.*
3. ते करित् होतेत्, *they were doing.*

PERFECT TENSE.

Sing.

1. म्या केला आहे, केली आहे, *I have done.*
2. त्वा केला आहे, केली आहे, *thou hadst done.*
3. त्याने केला आहे, केली आहे, *he hath done.*

Sing.

1. म्या केल आहे, केले आहे, *I have done.*

2. त्वा केल आहे, केले आहे, *thou hadst done.*

3. त्याने केल आहे, केले आहे, *he hath done.*

Plur.

1. आम्ही केलाआहे, केलो आहे, *we have done.*

2. तुम्ही केला आहे, केलो आहे, *ye have done.*

3. त्याही केला आहे, केलो आहे, *they have done*

Plur.

1. आम्ही केल अहे, केल आहे, *we have done.*

2. तुम्ही केल आहे, केले आहे, *ye have done.*

3. त्याही केल आहे, केल आहे, *they have done.*

PLUPERFECT TENSE.

Sing.

1. म्या केला होते, केली होती, *I had done.*

2. त्वा केला होते, केलो होती, *thou hadst done.*

3. त्याने केला होते, केलो होती, *he had done.*

Sing.

1. म्या केल होत, केले होते, *I had done.*

2. त्वा केल होत, केले होते, *thou hadst done.*

3. त्याने केल होत, केले होते, *he had done.*

The plural as the singular.

FUTURE TENSE.

Sing.

Masc.

1. मीं करीन्, *I will do.*

2. तूं करशील्, *thou wilt do.*

3. ता करील्, *he will do.*

Fem. तो or ते करील or कर्त्तील्, *she will do.*

Plur.

Masc. and Fem.

1. अम्ही करू, *we will do.*

2. तम्ही कराल्, *ye will do.*

3. ते कर्तील्, *they will do.*

IMPERATIVE MODE.

Sing.		Plur.
2.	कर, *do thou.*	करा, *do ye.*
3.	करो, *let him do.*	करोत्, *let them do.*

PROHIBITIVE.

करूं नको, *don't do.* करूं नका, *don't ye do.*

SUBJUNCTIVE MODE.

PRESENT TENSE.

Sing.

Masc.

1. जर मीं करी, *if I do.*
2. तूं करिस्, *if thou do.*
3. तो करी, *if he do.*

Plur.

Masc.

1. जर आम्ही करूं, *if we do.*
2. — तुम्ही करा, *if ye do.*
3. — ते करीत्, *if they do.*

PRETERPERFECT TENSE.

Sing.

	Masc.	Fem.	
1.	जर मी करता,	करत,	*if I had done.*
2.	—तूं करतास,	करतीस,	*if thou hadst done.*
3.	—तो करता,	ती करती,	*if he she had done.*

Plural.

Masc. and Fem.

1. जर आम्ही करतो, *if we had done.*
2. — तुम्ही करतेत, *if ye had done.*
3. — ते करतेत, *if they had done.*

COMPOUND SUBJUNCTIVE MODE.

FIRST AORIST, PRESENT.

Sing.

Masc.

1. जर मीं करित असें, *if I may do.*
2. — तूं करित असेस, *if thou mayst do.*
3. — तो करित असे, *if he may do.*

Plur.
Masc.

1. जर आम्ही करित् असूं, *if we may do.*

2. — तुम्ही करित् असा, *if ye may do.*

3. — ते करित् असेत्, *if they may do.*

SECOND AORIST, PRESENT.

Sing.
Masc.

1. जर मीं करित् अस्तों, *if I might do.*

2. — तूं करित् अस्तोस, *if thou mightest do.*

3. — ता करित् अस्ता, *if he might do.*

Fem.

1. जर मीं करित् अस्ते, *if I might do.*

2. — तूं करित् अस्तेस or अस्तीस्, *if, &c.*

3. — ते or ती करित् अस्ते or अस्ती, *if, &c.*

Plur.
Masc.

1. जर आम्ही करित् अस्तों, *if we might do.*

2. — तुम्ही करित् अस्ता, *if ye might do.*

3. — ते करित् अस्तेत, *if they might do.*

PRETER TENSE.

Sing.

1. जर म्यां केला असला, *if I might have done.*

2. —त्वां केला असला, *if thou mightest have done.*

3. — त्याने केला असला, *if he might have done.*

1. — म्या केली असली, *if I might have done.*

2. — त्वा केली असली, *if thou mightest have done*

3. — त्याने केली असली, *if he might have done.*

1 — म्या केल असल, *if I might have done.*

2. — त्वा केल असल, *if thou mightest have done,*

3. — त्याने केल असल, *if he might have done.*

1. —म्या केल्या असल्यात, *if I might have done*

2. —त्वा केल्या असल्यात, *if thou mightest, &c.*

3. —त्याने केल्या असल्यत, *if he might, &c.*

The plural as the singular.

PRETER TENSE.

Sing.

1. जर म्या केला असेल्, *if I might have done.*

2.—त्वा केला असेल्, *if thou mightest have done.*

3.—त्याने केला असेल्, *if he might have done.*

1.—म्या केली असेल्, *if I might have done.*

2.—त्वा केली असेल्, *if thou mightest have done.*

3.—त्याने केली असेल्, *if he might have done.*

1.—म्या केल असेल्, *if I might have done.*

2.—त्वा केल असेल्, *if thou mightest have done.*

3.—त्याने केल असेल्, *if he might have done.*

1.—म्या केले or केल्या असेल्, *if I might have done*

2.—त्वा केले or केल्या असेल्, *if thou mightest, &c.*

3.—त्याने केले or केल्या असे, *if he might have, &c.*

The plural as the singular.

FUTURE TENSE.

Sing.
Masc.

1. जर मीं करित् असेन्, *if I shall do.*
2. — तूं करित् असशील्, *if thou shalt do.*
3. — तो करित् असेल्, *if he shall do.*

Plur.
Masc.

1. जर आम्ही करित् असूं, *if we shall do.*
2. — तुम्ही करित् असाल्, *if ye shall do.*
2. — ते करित् असतील्, *if they shall do.*

When the subjunctive mode implies obligation *to do* or *to suffer*, expressed in English by *must*, the verb पडंणा is governed by the verb or verbal noun, and the word which would be the agent in English is the accusative case.

FIRST AORIST, PRESENT.

1. मला करणा पडत, *I must do**.
2. तुला करणा पडत, *thou must do.*
3. त्यास् करणा पडत, *he must do.*

* Literally, *to me to do must be.*

IMPERFECT TENSE.

मला करणा पडल, *I was obliged to do.*

PERFECT TENSE.

मला करणा पडल होत, *I have been obliged to do.*

FUTURE TENSE.

मला करणा पडेल् *I must do, or shall be obliged to do.*

This form may also be as follows:

मला करणा पडत् अस्त, *I must be to do, &c.*

N. B. The gender of the preter tenses varies with that of the subject. *Ex.* पडला, पडली, पडल, पडले and पडल्या.

INFINITIVE MODE.

करूं, *to do.*

PARTICIPLES.

Present, करत्, *doing.*

Adverbial, करून्, *having done.*

Continuative, कर्तांर, *doing, continuing to do.*

Passive, केला, केलेला, *done.*

GERUND.

कराय, *doing.* करायास, *for doing.* करायाचा, —ची, —चं, —चे, —च्या, *of doing.*

POTENTIAL MODE.

FIRST AORIST, PRESENT.

Sing.

1. मी करूं सकूं, *I can do.*
2. तूं करूं सकेस, *thou canst do.*
3. तो करूं सके, *he can do.*

Plur.

1. आम्ही करूं सकूं, *we can do.*
2. तुम्ही करूं सका, *ye can do.*
3. ते करूं सकेत, *they can do.*

SECOND AORIST. PRESENT.

Sing.

Masc.

1. मीं करूं सक्तों, *I can do.*
2. तूं करूं सक्तोस, *thou canst do.*
3. तो करूं सक्तों, *he can do.*

Fem.

1. मीं करूं सक्तें, *I can do.*
2. तूं करूं सक्तीस, *thou canst do.*
3. ती or ते करूं सक्तें, *she can do.*

Plur.

Masc. and Fem.

1. आम्ही करूं सक्तों, *we can do.*
2. तुम्ही करूं सक्ता, *ye can do.*
3. ते करूं सक्तोत्, *they can do.*

This and the three following modes are conjugated through all the tenses, but the terminations not differing in any respect from the indicative mode, it is not necessary to exhibit more than the present tense in this place.

OPTATIVE MODE.

FIRST AORIST, PRESENT.

Sing.

1. मीं करूं इच्छूं, *I wish to do.*
2. तूं करूं इच्छेस, *thou wishest to do.*
3. तो करूं इच्छे or इच्छी, *he wishes to do.*

Plur.

1. आम्ही करूं इच्छूं, *we wish to do.*
2. तुम्ही करूं इच्छा, *ye wish to do.*
3. ते करूं इच्छेत or इच्छीत, *they, &c.*

SECOND AORIST, PRESENT.

Sing.
Masc.

1. मीं करूं इच्छितों, *I desire to do.*
2. तूं करूं इच्छितास, *thou desirest to do.*
3. तो करूं इच्छितो, *he desireth to do.*

Sing.
Fem.

1. मी करूं इच्छितें, *I desire to do.*
2. तूं करूं इच्छितेस, *thou desirest to do.*
3. ती करूं इच्छिते, *she desireth to do.*

Plur.
Masc. and Fem.

1. आम्ही करूं इच्छितों, *we desire to do.*
2. तुम्ही करूं इच्छिता, *ye desire to do.*
3. ते करूं इच्छितेत, *they desire to do.*

INCHOATIVE MODE.

FIRST AORIST, PRESENT.

Sing.

1. मी करूं लागूं, *I begin to do.*
2. तूं करूं लागेस, *thou beginnest to do.*
3. तो करूं लागे, *he begins to do.*

Plur.

1. आम्ही करूं लागूं, *we begin to do.*
2. तुम्ही करूं लागा, *ye begin to do.*
3. ते करूं लागेत, *they begin to do.*

SECOND AORIST, PRESENT.

Sing.
Masc.

1. मीं करूं लागतों, *I begin to do.*
2. तूं करूं लागतोस्, *thou beginnest to do.*
3. तो करूं लागतो, *he beginneth to do.*

Sing.
Fem.

1. मीं करूं लागतें, *I begin to do.*
2. तूं करूं लागतीस्, *thou beginnest to do.*
3. ते करूं लागते, *she beginneth to do.*

Plur.
Masc. and Fem.

1. आम्ही करूं लागतों, *we begin to do.*
2. तुम्ही करूं लागतां, *ye begin to do.*
3. ते करूं लागतात्, *they begin to do.*

INTENSIVE MODE.

FIRST AORIST, PRESENT.

Sing.

1. मीं करून् टाकूं, *I do thoroughly.*
2. तूं करून् टाकीस्, *thou dost thoroughly.*
3. तो करून् टाकी, *he doth thoroughly.*

Plur.

1. आम्ही करून् टाकूं, *we do thoroughly.*
2. तुम्ही करून टाका, *ye do thoroughly.*
3. ते करून् टाकेत, *they do thoroughly.*

SECOND AORIST, PRESENT.

Sing.
Masc.

1. मीं करून् टाकतों, *I do thoroughly.*
2. तूं करून् टाकतोस, *thou dost thoroughly.*
3. तो करून् टाकतो, *he doth thoroughly.*

Sing.
Fem.

1. मीं करून् टाकते, *I do thoroughly.*
2. तूं करून् टाकतीस, *thou dost thoroughly.*
3. तो करून् टाकते, *she doth thoroughly.*

Plur.
Masc. and Fem.

1. आम्ही करून् टाकतों, *we do thoroughly.*
2. तुम्ही करून् टाकता, *ye do thoroughly.*
3. ते करून् टाकतेत, *they do thoroughly.*

THE CAUSAL VERB.

करविणा, *to cause to be.*

INDICATIVE MODE.

FIRST AORIST, PRESENT.

Sing.
Masc and Fem.

1. मीं करवूं, *I cause to do.*

2. तूं करविस्, *thou causest to do.*

3. तो करवी, *he or she causeth to do.*

Plur.
Masc. and Fem.

1. आम्ही करवूं *we cause to do.*

2. तुम्ही करवा, *ye cause to do.*

3. ते करवीत, *they cause to do.*

SECOND AORIST, PRESENT.

Sing.
Masc

1. मीं करवितो, *I cause to do.*

2. तूं करवितोस, *thou causest to do.*

3. तो करवितो, *he causeth to do.*

Sing.
Fem.

1. मीं करविते, *I cause to do.*

2. तूं करवितेस, *thou causest to do.*

3. ते or तो करविते, *she causeth to do.*

Plur.
Masc.

1. आह्मी करवितों, *we cause to do.*

2. तुह्मी करविता, *ye cause to do.*

3. ते करवितात, *they, &c.*

Fem. त्या करवितात.

PRESENT TENSE.

Sing.
Masc.

1. मीं करवित आहें, *I am causing to do.*

2. तूं करवित आहेस, *thou art causing to do.*

3. तो करवित आहे, *he is causing to do.*

Sing.
Fem.

1. मीं करविते आहे, *I am causing to do.*

2. तूं करविते आहेस, *thou art causing to do.*

3. ते or तो करविते आहे, *she is causing to do.*

Plural.
Masc. and Fem.

1. आम्ही करवित् आहों, *we are causing to do.*

2. तुम्ही करवित् आहा, *ye are causing to do.*

3. ते करवित् आहेत्, *they are causing to do.*

IMPERFECT TENSE.

Sing.

1. म्यां करविला,—ली,—ल,—ले,—ल्या, *I caused to do.*

2. त्वां करविला,—ली,—ल,—ले,—ल्या, *thou causedst to do.*

3. त्याही करविला,—ली,—ल,—ले,—ल्या, *he caused to do.*

Plur.

1. आम्ही करविला,—ली,—ल,—ले,—ल्या, लेत, *we caused to do.*

2. तुम्ही करविला,—ली,—ल,—ले,—ल्या, लेत्, *ye caused to do.*

3. त्याही करविला,—ली,—ल,—ले,—ल्या, लेत, *they caused to do.*

IMPERFECT DEFINITE.

Sing.

Masc.

1. मीं करवित् होतों, *I was causing to do.*
2. तूं करवित् होतास्, *thou wast causing to do.*
3. तो करवित् होता, *he was causing to do*

Sing.

Fem.

1. मीं करवित्, होते, *I was causing to do.*
2. तूं करवित् होतीस्, *thou wast causing to do.*
3. ती करवित् होती, *she was causing to do.*

Plur.

Masc.

1. आम्ही करवित् होतों, *we were causing to do.*
2. तुम्ही करिवित् होतेत्, *ye were causing to do.*
3 ते करवित् होतेत्, *they were causing to do.*

Fem. त्या करवित् होत्यात्, *they were, &c.*

PERFECT TENSE.

Sing.

1. म्यां करविला* आहे, *I have caused to do.*
2. त्वां करविला आहे, *thou hast caused to do.*
3. त्याने करविला आहे, *he has caused to do.*

* The gender of this word varies to agree with the object as in the imperfect tense.

PLUPERFECT TENSE.

Sing.

1. म्या करविला* होता, *I had caused to do.*
2. त्वा करविला होता, *thou hadst caused to do.*
3. त्याने करविला होता, *he had caused to do.*

* The gender varies to agree with the object.

Sing.
Masc and Fem.

1. मीं करवीन, *I will cause to do.*
2. तूं करविशील, *thou wilt cause to do.*
3. तो करवील, *he will cause to do.*

Plural.
Masc. and Fem.

1. आम्ही करवूं, *we will cause to do.*

2. तुम्ही करवाल, *ye will cause to do.*

3. ते करवितील, *they will cause to do.*

IMPERATIVE MODE.

Sing.

2. करीव, *cause to do.*

3. करवा, *let him cause to do.*

Plur.

2. करवेा, *cause ye to do.*

3. करवेात, *let them cause to do.*

SUBJUNCTIVE MODE.

PRESENT TENSE.

Sing.

Masc.

1. जर मीं करवीं, *if I cause to do.*

2. — तूं करवीस, *if thou causest to do.*

3. — तो करवी, *if he causeth to do*

Plur.
Masc. and Fem.

1. जर आम्ही करवूं, *if we cause to do.*
2. — तुम्ही करवा, *if ye cause to do.*
3. — ते करवीत, *if they cause to do.*

PRETER TENSE.

Sing.
Masc.

1. जर मी करवितों, *if I had caused to do.*
2. — तूं करवितास, *if thou hadst caused to do.*
3. — तो करविता, *if he had caused to do.*

Sing.
Fem.

1. जर मी करवितें, *if I had caused to do.*
2. — तूं करवितीस, *if thou hadst caused to do.*
3. — तो ती करविती, *if she had caused to do.*

Plur.
Masc.

1. जर आम्ही करवितों, *if we had caused to do.*
2. — तुम्ही करवितेत, *if ye had caused to do.*
3. — ते करवितेत, *if they had caused to do.*
Fem. त्या करवित्यात, *if they had caused to do.*

INFINITIVE MODE.

करवूं, *to cause to do.*

PARTICIPLES.

Present, करवित्, *causing to do.*

Adverbial, करवून्, *having caused to do.*

Repeated, करवितां २, *continuing to cause to do.*

Passive, करविल, करविलेल्, *caused to do.*

GERUNDS.

करवाया, *causing to do.*

करवायास्, *for causing to do.*

करवावया, —चो, —च, —चे,
—च्या, *of causing to do.*

The Potential, Optative, Inchoative, Compound Subjunctive and Intensive, are regularly formed by constructing their respective verbs with the infinitive mode, or participle, as in the simple forms of the verb.

होणा, *to be.*

INDICATIVE MODE.

FIRST AORIST, PRESENT.

Sing.
Masc.

1. मी होऊं, *I am.*
2. तूं होयेस्, *thou art.*
3. तो होय, *he is.*

Plur.
Masc.

1. आम्ही होंं, *we are.*
2. तुम्ही व्हा, *ye are.*
3. ते होएत् *they are.*

SECOND AORIST, PRESENT.

Sing.

	Masc.	Fem.	
1.	मीं होतों,	होतें,	*I am.*
2.	तूं होतास्,	होतीस्,	*thou art.*
3.	तो होता,	ती होती,	*he, she is.*

Neut. ते होत, *it is.*

Plur.

1. आम्ही होतों, *we are.*

2. तुम्ही होतेत, *ye are.*

3. ते होतेत; Fem. त्या होत्यांत;

Neut. ती होतीत, *they are.*

PRESENT DEFINITE.

Sing.

Masc. and Fem.

1. मीं होत आहें, *I am existing.*

2. तूं होत आहेस, *thou art existing.*

3. तो होत आहे, *he is existing.*

Plur.

Masc.

1. आम्ही होत आहों, *we are existing.*

2. तुम्ही होत आहा, *ye are existing.*

3. ते होत आहेत. Fem. त्या होत;

Neut. आहेता, *they are existing.*

IMPERFECT TENSE.

Sing.

Masc. Fem.

1. मीं झालों. झालें, *I was.*
2. तूं झालास. झालीस, *thou wast.*
3. तो झाला. ती झाली, *he, she was.*

Neut. तें झालें, *it was.*

Plur.

1. आम्ही झालों, *we were.*
2. तुम्ही झालेत्, *ye were.*
3. ते झालेत्, Fem. त्या झाल्यात्.

Neut. तीं झालीत्, *they were.*

IMPERFECT DEFINITE.

Sing.

Masc.

1. मीं होत् होतों, *I was existing.*
2. तूं होत् होतास्, *thou wast existing.*
3. तो होत् होता, *he was existing.*

Sing.

Fem.

1. मीं होत् होते, *I was existing.*

2. तूं होत् होतीस्, *thou wast existing.*

3. तो होत् होती, *she was existing.*

Neut. ते होत् होत, *it was existing.*

Plur.

1. आम्ही होत् होतों, *we were existing.*

2. तुम्ही होत् होतेत्, *ye were existing.*

3. ते होत् होतेत्, Fem. त्या होत् होत्यात्.

Neut. ती होत् होतीत्, *they were existing.*

PERFECT TENSE.

Sing.

Masc.

1. मीं झालों आहें, *I have been.*

2. तूं झाला आहेस्, *thou hast been.*

3. तो झाला आहे, *he hath been.*

Fem.

1. मीं फाले आहें, *I have been.*

2. तूं झाली आहेस्, *thou hast been.*

3. ते or ती झाली आहे, *she hath been.*

Neut. ते झाल आहे, *it hath been.*

Plur.

Masc.

1. आम्ही झालों आहों, *we have been.*

2. तुम्ही झाले आहा, *ye have been.*

3. ते झाल आहेत्, Fem. त्या झाल्या आहेता,

Neut. ती झाली आहेत्, *they have been.*

PLUPERFECT TENSE

Sing.

Masc.

1. मीं झालेा होतों, *I had been.*

2. तूं झाला होतास्, *thou hadst been*

3. तेा झाला होता, *he had been.*

Fem.

1. मी झाले or —ली होते, *I had been.*

2. तूं झाली होतीस्, *thou hadst been.*

3. ते or ती झाली होती, *she had been.*

Neut. ते झाल होत, *it had been.*

Plur.

Masc.

1. आम्ही झाले होतों, *we had been,*

2. तुम्ही झाले होतेत् *ye had been,*

3. ते झाले होतेत्, Fem. त्या झाल्या होत्यात्,

Neut. ती झाली होतीत्, *they had been.*

FUTURE TENSE.

Sing.

Masc. and Fem.

1. मीं होईन्, *I will be.*

2. तूं होशील्, *thou wilt be.*

3. तो होईल्, *he will be.*

Plur.
Masc.

1. आम्ही होऊं, *we will be,*

2. तुम्ही व्हाल्, *ye will be.*

3. ते होतील, *they will be.*

Fem. त्या होतीला, *they will be.*

IMPERATIVE MODE.

Sing.	Plur.
हो, *be thou.*	व्हा, *be ye.*
होवो, *let him be.*	होत्, होवोत्, *let them be.*

SUBJUNCTIVE MODE.

PRESENT TENSE.

Sing.

1. जर मीं होइन, *if I be.*

2. — तूं होएस्, *if thou be.*

3. — तो होय, *if he be.*

Plur.

1. — आम्ही हों, *if we be.*

2. — तुम्ही व्हा, *if ye be.*

3. — ते होएत्, *if they be.*

PRETER TENSE.

Sing.

Masc.

1. जर मीं होतों, *if I were.*

2. — तूं होतास, *if thou wert.*

3. — तो होता, *if he were.*

Fem.

1. — मीं होतें, *if I were.*

2. — तूं होतीस, *if thou wert.*

3. — ती or ते होती, *if she were.*

Neut. ते होत, *if it were.*

Plur.

1. जर आम्ही होतों, *if we were.*

2. — तुम्ही होतेत, *if ye were.*

3. — ते होतेत. Fem. त्या होत्यात.

Neut. तीं होतीत, *if they were.*

INFINITIVE MODE.

होऊं, *to be.*

PARTICIPLES.

Present, होत, *being*.

Adverbial, होऊन्, *having been*.

Repeated, होतांर, *continuing to be*

Passive, झाल, झालेल, *been*.

GERUND.

झाया, *being*. झायास्, *for being*. झायाचा, —ची, —चं, —च, —च्या, *of being*.

The present tense of the verb होणा, preceded by the negative particle, is conjugated thus.

PRESENT TENSE.

Sing.

1. मीं नव्हे, *I am not.*
2. तूं नव्हेस्, *thou art not.*
3. तो नव्हे, *he is not.*

Plur.

1. आम्ही नव्हं, *we are not.*
2. तुम्ही नव्हा, *ye are not.*
3. ते नव्हेत, *they are not*, &c through all the tenses.

Sometimes the verb is omitted and the negative particle alone is inflected, as follows:

PRESENT TENSE.

Sing.

1. मी नाहीं, *I (am) not.*
2. तूं नाहीस्, *thou (art) not.*
3. तो, ती, ते नाहीं, *he, she, it (is)*

Plur.

1. आम्ही नाहीं, *we (are) not.*
2. तुम्ही नाहीं or नाहीत्, *ye (are) not.*
3. त नाहीं or नाहीत्, Fem. त्या नाही
ता or नाहीत्, *they (are) not.*

THE PASSIVE VOICE.

The passive voice is formed by conjugating the verb जाणे with the first form of the passive participle. The neuter can be only in the third person.

INDICATIVE MODE.

FIRST AORIST, PRESENT.

Sing.

1. मीं पाहिला—ली जाञ, *I am seen.*
2. तूं पाहिला—ली जायेस्, *thou art seen.*
3. तो पाहिला-ली-ले जाय, *he, she, it is seen.*

Plur.

1. आम्ही पाहिले—ल्या जावूं, *we are seen.*
2. तुम्ही पाहिले—ल्या जा, *ye are seen.*
3. ते पाहिले-ल्या-ली जावेात्, *they are seen.*

N. B. The pronouns, ते or ती for the feminine singular, ते for the neuter singular, त्या for the feminine plural, and तीं for the neuter plural, of the third person, must be supplied throughout this verb when they are not expressed.

SECOND AORIST, PRESENT.

Sing.

Masc.

1. मीं पाहिला जातों, *I am seen.*
2. तूं पाहिला जातोस्, *thou art seen.*
3. तो पाहिला जातो, *he is seen.*

Fem.

1. मीं पाहिली or ले जातें, *I am seen.*
2. तूं पाहिली जातेस्, *thou art seen.*
3. ते or ती पाहिली जाते, *she is seen.*

Neut. ते पाहिलं जातं, *it is seen.*

Plur.

Masc.

1. आम्ही पाहिले जातों, *we are seen.*

2. तुम्ही पाहिले जाता, *ye are seen.*

3. ते पाहिले जातेत, *they are seen.*

Fem.

1. आम्ही पाहिल्या जातों, *we are seen.*

2. तुम्ही पाहिल्या जाता, *ye are seen.*

3. त्या पाहिल्या जात्यात, *they are seen.*

Neut. तीं पाहिलीं जातींत, *they are seen.*

PRESENT DEFINITE

Sing.

Masc.

1. मीं पाहिला—ली जात् आहें, *I am (now) seen.*

2. तूं पाहिला,—ली जात् आहेस, *thou art (now) seen.*

3. तो पाहिला,—ली,—लं, जात् आहे, *he, she, it is (now) seen.*

Plural.

1. आम्ही पाहिले,—ल्या जात आहों, *we are (now) seen.*

2. तुम्ही पाहिले, —ल्या जात आहा, *thou art (now) seen.*

3. ते पाहिले जात आहेत. Fem. त्या पाहिल्या जात आहेत. Neut. तो पाहिली जात अहित, *they are (now) seen.*

IMPERFECT TENSE.

Sing.

Masc.

1. मीं पाहिला गेलों, *I was seen.*

2. तूं पाहिला गेलास, *thou wast seen.*

3. तो पाहिला गेला, *he was seen.*

Fem.

1. मी पाहिली गेलीं, *I was seen.*

2. तूं पाहिली गेलीस, *thou wast seen.*

3. ती or ते पाहिली गेली, *she was seen*

Plur.

Masc.

1. आम्ही पाहिले गेलों, *we were seen.*

2. तुम्ही पाहिले गेलेत, *ye were seen.*

3. ते पाहिले गेलेत, *they were seen.*

Fem.

1. आम्ही पाहिल्या गेलों, *we were seen.*

2. तुम्ही पाहिल्या गेल्यात, *ye were seen.*

3. त्या पाहिल्या गेल्यात, *they were seen.*

Neut. ती पाहिली गेलींत, *they were seen.*

IMPERFECT DEFINITE.

Sing.

Masc.

1. मीं पाहिला जात होतों, *I was (then) seen.*

2. तूं पाहिला जात होतास, *thou wast (then) seen.*

3. तो पाहिला जात होता, *he was (then) seen.*

Sing.

Fem.

1. मीं पाहिली or —ले जात् होतें, *I was (then) seen.*

2. तूं पाहिली जात् होतीस, *thou wast (then) seen.*

3. ती पाहिली जात् होती, *she was (then) seen.*

Neut. ते पाहिल जात् होत, *it was (then) seen.*

Plur.

Masc.

1. आम्ही पाहिले जात् होतों, *we were (then) seen.*

2. तुम्ही पाहिले जात् होतेत, *ye were (then) seen.*

ते पाहिलेजात् होतेत, *they were (then) seen.*

Plur.

Fem.

1. आम्ही पाहिल्या जात् होतों, *we were (then) seen.*

2. तुम्ही पाहिल्या जात् होत्यात्, *ye were (then) seen.*

3 त्या पाहिल्या जात् होत्यात्, *they were (then) seen.*

Neut. ती पाहिली जात् होतीत्, *they were (then) seen.*

PERFECT TENSE.

Sing.

Masc.

1. मीं पाहिला गेलों आहें, *I have been seen.*

2. तूं पाहिला गेला आहेस, *thou hast been seen.*

3. तो पाहिला गेला आहे, *he has been seen.*

Sing.

Fem.

1. मीं पाहिली गेली or —ते आहें, *I have been seen.*

2. तूं पाहिली गेली आहेस, *thou hast been seen.*

3. ते or ती पाहिली गेली आहे, *she has been seen.*

Neut. ते पाहिल गेल आहे, *it has been seen.*

Plur.

Masc.

1. आम्ही पाहिले गेलों आहों, *we have been seen.*

2. तुम्ही पाहिले गेले आहा, *ye have been seen.*

3. ते पाहिले गेले आहेत, *they have been seen.*

Plur.

Fem.

1. आम्ही पाहिल्या गेल्या आहों, *we have been seen.*

2. तुम्ही पाहिल्या गेल्या आहा, *ye have been seen.*

3. त्या पाहिल्या गेल्या आहेत, *they have been seen.*

Neut. ती पाहिली गेली आहेत, *they have been seen.*

PLUPERFECT TENSE.

Sing.

Masc.

1. मीं पाहिला गेला होतों, *I had been seen.*

2. तूं पाहिला गेला होतास, *thou hadst been seen.*

3. तो पाहिला गेला होता, *he had been seen.*

Sing.

Fem.

1. मीं पाहिली गेली or—ले होतों, *I had been seen.*

2. तूं पाहिली गेली होतीस, *thou hadst been seen.*

3. ते or तो पाहिली गेली होती, *she had been seen.*

Neut. ते पाहिल गेल होत, *it had been seen.*

Plur.

Masc.

1. आम्ही पाहिले गेले होतों, *we had been seen.*

2. तुम्ही पाहिले गेले होतेत, *ye had been seen.*

3. ते पाहिले गेले होतेत, *they had been seen.*

Plur.

Fem.

1. आम्ही पाहिल्या गेल्या होतों, *we had been seen.*

2. तुम्ही पाहिल्या गेल्या होत्यात, *ye had been seen.*

3. त्या पाहिल्या गेल्या होत्यात, *they had been seen.*

Neut. तीं पाहिलीं गेलीं होतीत, *they had been seen.*

FUTURE TENSE.

Sing.

Masc.

1. मीं पाहिला,—ली जाईन, *I shall be seen.*

2. तूं पाहिला,—ली जाशील, *thou wilt, &c.*

3. तो पाहिला,—ली,—लं, जाईल, *he, she, or it will be seen.*

Plur.

1. आम्ही पाहिले—ल्या जाऊं, *we shall, &c.*

2. तुम्ही पाहिले—ल्या जाल, *ye shall be seen.*

3. ते पाहिले जातिल. Fem. त्या पाहिल्या जातील. Neut. ती पाहिलं जातील, *they shall be seen.*

IMPERATIVE MODE

Sing.

2. पाहिला—ली जा, *be thou seen.*

3. पाहिला—ली जावो, *let him, he* or *it be seen.*

Plur.

2. पाहिले—ल्या जा, *be ye seen.*

3. पाहिले-ल्या-ली जावोत, *let them, &c.*

SUBJUNCTIVE MODE.

PRESENT TENSE.

Sing.

1. जर मीं पाहिला—ली जाऊं, *if I be seen.*

2. — तूं पाहिला—ली जाम, *if thou, &c.*

3. — तो पाहिला—ली—लं जाय, *if he, she* or *it be seen.*

P

Plur.

1. जर आम्ही पाहिले —ल्या जावूं, *if we be seen.*

2. — तुम्ही पाहिले —ल्या जा, *if ye, &c.*

3. — ते or ती पाहिले —ल्या —ली, जात, *if they be seen.*

PRETER TENSE.

Sing.

Masc.

1. जर मीं पाहिला जातों, *if I had been seen.*

2. — तूं पाहिला जातास, *if thou hadst, &c.*

3. — तो पाहिला जाता, *if he had been seen.*

Fem.

1. जर मीं पाहिली जातें, *if I had been seen.*

2. — तूं पाहली जातेस, *if thou hadst, &c.*

3. — ते or ती पाहिली जाते, *if she had, &c.*

Neut. ते पाहिलं जातं, *if it had been seen.*

Plur.

1. जर आम्ही पाहिले जातों, *if we had, &c.*

2. — तुम्ही पाहिले —ल्या जातेत, *if ye, &c.*

3. — ते पाहिले-ल्या-ली जातेत, *if they, &c.*

COMPOUND SUBJUNCTIVE MODE.

FIRST AORIST, PRESENT.

Sing.

1. जर मीं पाहिला —ली जात् असे, *if I may be (now) seen.*

2. — तूं पाहिला —ली जात् असेस्, *if thou mayest be (now) seen.*

3. — तो पाहिला —ली —ल जात् असे, *if he, she,* or *it may be (now) seen.*

Plur.

1. जर आम्ही पाहिले —ल्या जात् असों or असुं, *if we may be (now) seen.*

2. — तुम्ही पाहिले —ल्या जात् असा, *if ye may be (now) seen.*

3. — ते पाहिले ल्या लो जात् असेत. *if they may be (now) seen.*

SECOND AORIST, PRESENT.

Sing.
Masc.

1. जर मीं पाहिला जात् अस्तों, *if I may be seen.*

2. — तूं पाहिला जात् अस्तोस्, *if thou mayest be seen.*

3. — तो पाहिला जात् अस्ता, *if he may be seen.*

Fem.

1. जर मीं पाहिली or —ले, जात् अस्तें, *if they may be seen.*

2. — तूं पाहिली जात् अस्तीस्, *if thou mayest be seen.*

3. — ते or ती पाहिली जात् अस्ती, *if she may be seen.*

Neut. जर ते पाहिलं जात् अस्तं, *if it may be seen*

Plur.

1. जर आम्ही पाहिले —ल्या जात् असतां;
if we may be seen.

2. — तुम्ही पाहिले —ल्या, जात् असता,
if ye may be seen.

3. —ते पाहिले —ल्या,—ली, जात् असतेत्
if they may be seen.

IMPERFECT TENSE.

Sing.

Masc.

1. जर मीं पाहिला गेला असलों, *if I may*
have been seen.

2. — तूं पाहिला गेला असलास, *if thou*
mayest have been seen.

3. — तो पाहिला गेला असला, *if he may*
have been seen.

Sing.

Fem.

1. जर मीं पाहिली गेली असें, *if I may have been seen.*

2. — तूं पाहिली गेली असीस, *if thou mayest have been seen.*

3. — ते or तो पाहिली गेली असी, *if she may have been seen.*

Neut. ते पाहिल गेल असे, *if it may have been seen.*

Plur:

Masc.

1. जर आम्ही पाहिले गेले असों, *if we may have been seen.*

2. — तुम्ही पाहिले गेले असेत, *if ye may have been seen.*

3. — ते पाहिले गेले असेत, *if they may have been seen.*

Fem.

1. जर आम्ही पाहिल्या गेल्या असलों, *if we may have been seen.*

2. — तुम्ही पाहिल्या गेल्या असल्या or असल्यात्, *if ye may have been seen.*

3. — त्या पाहिल्या गेल्या असल्या or असल्यात्, *if they may have been seen.*

Neut. ती पाहिली गेली असलींत्, *if they may have been seen.*

PERFECT AND PLUPERFECT TENSES.

Sing.
Masc.

1. जर मीं पाहिला गेला असेन्, *if I might have been seen.*

2. — तूं पाहिला गेला असशील्, *if thou mightest have been seen.*

3. — तो पाहिला गेला असेल, *if he might have been seen.*

Fem.

1. जर मीं पाहिली गेली असेन्, *if I might have been seen.*

2. — तूं पाहिली गेली असशील्, *if thou mightest have been seen.*

3. — ते or ती पाहिली गेली असेल्, *if she might have been seen.*

Neut. ते पाहिल गेल असेल्, *if it might have been seen.*

Plur.

Masc.

1. जर आम्ही पाहिले गेले असूं, *if we might have been seen.*

2. — तुम्ही पाहिले गेले असाल्, *if ye might have been seen.*

3. — ते पाहिले गेले असतील *if they might have been seen.*

Plur. असूं,
Fem.

1. जर आम्ही पाहिल्या गेल्या if we might have been seen.

2. — तुम्ही पाहिल्या गेल्या असाल्, if ye might have been seen.

3. — त्या पाहिल्या गेल्या असतील, if they might have been seen.

Fem. ती पाहिली गेली असतील्, if they might have been seen.

FUTURE TENSE.

Sing.
Masc.

1. जर मीं पाहिला जात् असेन्, if I may be seen (hereafter).

2. — तूं पाहिला जात् असशील्, if thou mayest be seen (hereafter).

3. — तो पाहिला जात् असेल्, if he may be seen (hereafter).

Q

Sing.

Fem.

1. जर मीं पाहिली or —ले जात् असेन, *if I may be seen (hereafter).*

2. — तूं पाहिली जात् असशील, *if thou mayest be seen (hereafter).*

3. — ते or ती पाहिली जात असेल, *if she may be seen (hereafter).*

Neut. ते पाहिलं जात् असेल, *if it may be seen (hereafter).*

Plural.

1. जर आम्ही पाहिले —ल्या जात् असूं, *if we may be seen (hereafter).*

2. — तुम्ही पाहिले —ल्या जात् असाल, *if ye may be seen (hereafter).*

3. —ते पाहिले जात् असतील; Fem. त्या पाहिल्या जात् असतील; Neut. ती पाहिली जात् असतील, *if they may be seen (hereafter).*

INFINITIVE MODE.

पाहिला — ली — ल — ले — ल्या जाऊं,
to be seen.

PARTICIPLES.

Present, पाहिला — ली — ल — ले — ल्या जात, *being seen.*

Adverbial, पाहिला — ली — ल — ले — ल्या जाऊन, *having been seen.*

Repeated, पाहिला — ली — ल — ले — ल्या जातांर, *continuing to be seen.*

GERUNDS.

पाहिला — ली — ल — ले — ल्या जाया, *be-ing to be seen.*

The compound modes are formed as in the active voice. As, therefore, there is no irregularity or difficulty in them but what may be easily explained by the foregoing examples, only the first aorist singular is exhibited here.

OPTATIVE MODE.

Sing.

1. मीं पाहिला —ली जाऊं इच्छुं, *I wish to be seen.*

2. तूं पाहिला —ली जाऊं इच्छीस्, *thou wishest to be seen.*

3. तो पाहिला —ली —ल जाऊं इच्छी, *he, she* or *it wishes to be seen.*

POTENTIAL MODE.

Sing.

1. मीं पाहिला —ली जाऊं सकूं, *I can be seen.*

2. तूं पाहिला —ली जाऊं सकेस्, *thou canst be seen.*

3. तो पाहिला —ली —ल जाऊ सके, *he, she* or *it can be seen.*

INCHOATIVE MODE.

Sing.

1. मीं पाहिला—ली जाऊं लागूं, *I begin to be seen.*

2. तूं पाहिला —ली जाऊं लागेस्, *thou beginnest to be seen.*

3. तो पाहिला —ली—ल जाऊं लागे, *he, she* or *it begins to be seen.*

When a verb is used negatively the form is different, as follows:

FIRST AORIST, PRESENT.

Sing.

1. मीं नकरूं, or नांहीं करूं, *I do not.*
2. तूं नकरिस् or नांहीं करिस्, *thou doest, &c.*
3. तो नकरी or नांहीं करी, *he doth not.*

Plur.

1. आम्ही नकरूं or नांहीं करूं, *we do not.*

2. तुम्ही नकरा or नांहीं करा, *ye do not.*

3. ते नकरीत् or नांहीं करीत्, *they do not.*

The second aorist differs nothing from that of the verb करणा, above exhibited, except in adding the negative participle, as in the first aorist.

PRESENT DEFINITE.

Sing.

1. मीं करित् नांहीं, *I am not doing.*

2. तूं करित् नांहींस्, *thou art not doing.*

3. तो करित् नांहीं, *he is not doing.*

Plur.

1. आम्ही करित् नांहीं, *we are not doing.*

2. तुम्ही करित् नांहींत्, *ye are not doing.*

3. ते करित् नांहींत्, *they are not doing.*

IMPERFECT.

म्यां नकेल्ल, *I did not, &c.* This is formed by prefixing the negative particle to केल्ल.

IMPERFECT DEFINITE.

मीं करित् नव्हतों, *I was not doing, &c.* This is formed by prefixing न to the auxiliary verb, and changing the initial हो to व्ह.

PERFECT TENSE.

Sing.

1. म्यां केलं नांहीं, *I have not done.*
2. त्वां केलं नांहीं, *thou hast not done.*
3. त्याने केलं नांहीं, *he hath not done.*

Plur.

1. आम्ही केलं नांहीं, *we have not done.*
2. तुम्ही केलं नांहीं, *ye have not done.*
3. त्याही केलं नांहीं, *they have not done.*

PLUPERFECT TENSE.

म्या केलं नव्हतों, *I had not done, &c.* This is formed by prefixing न to the auxiliary verb, and substituting व्ह for its initial हो. This tense does not vary in its inflections, except to distinguish the genders.

FUTURE TENSE.

मी नकरीन् or नांहीं करीन्, *I will not do, &c.* This is formed by prefixing the negative न or नांहीं to the verb.

PROHIBITIVE.

2. करूं नको or नको करूं, *do not.*

2. करूं नका or नका करूं, *do ye not.*

It is obvious that the prohibitive form can be used only in the second person. The third person imperative is as follows;

3. नकरो, *let him not do.*

3. नकरोत्, *let them not do.*

The subjunctive is the same as the indicative with न only prefixed

Remarks on the Verbs.

1. The difference between the first and the second aorist is so very trifling and indefinite that it is difficult if not impossible to point it out. The first aorist is generally though not exclusively used in relative sentences. *Ex.* जो पावेतो गुरू उपदेश करी or करतो तो पर्यन्त शिष्य शिके or शिकतो, *whilst the teacher instructs, the scholar learns.*

2. The aorist tenses are used to express an action which is proper, or customary to the agent, without any particular designation of time. *Ex.* लेंकरूं खेळतेत, *children play.*

3. The imperfect, perfect, and pluperfect tenses have been exhibited above with their inflections of gender. It must, however, be observed, that

when the verb is used actively, viz. when the object is expressed in the accusative, the form of the neuter singular only is used. When the object is in the nominative case the verb is passive, and varies with the gender of the subject. *Ex.* म्यां बायकोस् पाहिलें, *I saw the woman.* म्यां बायको पाहिली, *the woman was seen by me.*

The meaning of the other tenses is expressed in the English translation.

4. When the necessity of the action is to be expressed, the singular पाहिजे, or the plural पाहिजेत्, is constructed with the first form of the passive participle. *Ex.* हे गोष्ट अवश्य सांगितली पाहिजे, *this must be told.*

5. Four kinds of participles are formed from every verb, each of which, when used negatively, expresses the impossibility of the action, but on

different accounts. The first is formed by affixing वत् to the root, after rejecting the last syllable. *Ex.* म्हनवत् नांहीं, *not to be spoken*, viz. because the powers of the speaker are insufficient to speak it.

6. The second is formed by affixing पूर्वत् to the present participle, with आ inserted after it. *Ex.* म्हनतापूर्वत् नांहीं, *not to be spoken*, viz. because some circumstances put it out of the speaker's power, or render it improper.

7. The third is formed by affixing the present participle of पूरणा, *to fill*, or *accomplish*, to the present participle of the verb with आ inserted as before. *Ex.* म्हनतापूरत् नांहीं, *not to be spoken*, viz. on account of their number, magnitude, &c.

8. The fourth is formed by constructing the present participle of एणा, *to come*, with the present participle of any verb. *Ex.* म्हणतायेत्

नांहीं, *not to be spoken,* viz. because it is a secret, or on some other account improper to be spoken.

Whenever these participles are used without the negative particle, अ is affixed to them.

9. नार is affixed to all verbs, the last syllable being previously rejected, to form a participle active which usually expresses the quality or condition of the agent. This participle is past, present, or future, as the nature of the sentence may require. *Ex.* गुप्त स्थान पाहानारे तुम्चे पिता, *your Father seeing,* i. e. *who seeth in secret.* ईश्वराची आणि धनाची सेवा तुम्ही करूं सकणार नाहीत, *ye cannot serve God and riches.* Literally, *the service of God and of wealth, you to perform able are not.*

The negative particle is inflected after all these participles.

Of Compound Words (समास पट).

1. Compound words make a very considerable part of this language, and contribute much to its elegance. They are generally made by uniting all the words into one, after rejecting the inflective terminations. Those Mahratta nouns which are derived from the Sungskrit frequently revert to their orignal from, when compounded. *Ex.* पिता, *a father*, is changed to पित्र. The pronouns, though sometimes much altered from their original Sungskrit form, often assume it again when compounded.

Compound words are divided into six classes, as follows:

2. The first class, called द्वन्द, consists of compounds formed by uniting several substantives into one, omitting the copulative conjunction and the terminations of the cases. *Ex.* रामलक्ष्मण, Ram*u* and Lukshm*u*n*u*. देवासुर, *a god and a titan.* गायवांसरू, *a cow and calf.* दौतलेखणी, *an ink-stand and a pen.* Sometimes the copulative conjunction is retained. *Ex.* गाय आणि वांसरूस् आण, *bring the cow and calf.*

3. The second class, called बहुव्रीही, consists of compound epithets or adjectives, formed by uniting two or more words, generally substantives into one. *Ex.* तांम्बडतोंड, *red-faced,* from तांम्बड, *blood,* and तोंड, *a face.* पद्मलोचन, *water lily-eyed,* from पद्म, *a water lily,* and लोचन, *an eye.* दिगम्बर, *clothed with the points of the compass,* viz. *naked,* from दिग, *a point of the compass,* and अम्बर, *clothing.*

4. The third class, called कर्म्मधाराय, consists of words formed by compounding an adjective with its substantive. In the Mahratta language the adjective never receives the inflections of the cases when the substantive is expressed, but is compounded, and forms one word with it, *Ex.* चाङ्गले मनुष्यास्, *to a good man.* धुतल्ल वस्त्र, *washed cloths.*

5. When the word महत् forms a conpound of the third class with a following word, महा is substituted instead of it. *Ex.* महाजन्, *a great man.*

6. The fourth class of compounds is called तत्पुरुष. This class consists of words formed by compounding two others, the last of which is constructed with the first in any case whatever The last of these words is generally a verb, except the first be in the first or sixth case, and the

compound formed by their union is an adjective. *Ex.* मनूष्यहिंसक, *men-injuring.* कर्म्मकारी, *work doing.* पित्रदत्त, *father-given.* धनोन्मत्त, *drunken with riches.* रोगमुक्त, *freed from disease.*

7. When the compound is formed with a noun in the nominative or genitive case, the last member is usually a substantive, and the compound formed by their junction is a substantive. *Ex.* मध्यदिवस, *mid-day.* राजकुमार, *a king's son.*

8. When the compound is formed by a noun in the sixth case, it is often perpared for being joined to the following word in the same manner as it would be to receive the regular inflection of the case. *Ex.* ब्राह्मणासाटी, *for the sake of a Brahman.* तुम्हाजवळ, *in the vicinity of thee.*

9. The fifth class of compounds is called द्विगु.

Words of this class are formed by compounding a word with a numeral. The numeral is generally the first member. These words are adjectives. *Ex.* चहूकड, *the four cardinal points-(influence).* त्रिभुवन, *the three worlds-(riches).*

10. The sixth class of compounds is called अव्ययीभाव. The first member of these is generally an indeclinable particle, and the compound is used as an adverb. *Ex.* यथाशक्ति, *to the extent of (one's) ability.* प्रतिवर्ष, *every year.*

SECTION VIII.

Of indeclinable Particles.

1. Under this head are included Adverbs, Prepositions, Conjunctions, and Interjections.

2. A short list of the most common adverbs, classed in the usual manner, follows:

Adverbs of Time.

जेव्हां, जधीं, जव्हीं, *when.* तेव्हा, तधीं, तव्हो, *then.* आतां, *now.* अवधि, *from (a time).* आज, *to-day.* केव्हां, कधीं कव्ही, *when?* काल, *yesterday.* उद्या, *to-morrow.* परवां, *the day after to-morrow* or *the day before yesterday.* तेरवां, *the fourth day past* or *to come.*

Adverbs of Place.

एथे, *here.* तेथे, *there.* जेथे, *where.* कोठे, *where?* वरे, *above.* वरते, खाले, खलते, *beneath* उजवे, *to the right side.* डावे, *to the left.* पुढे, *before, in front.* मागे, *behind.*

Adverbs of Circumstance.

अस, अशी, असें, असा, ऐसें ऐशी, ऐसा, ऐस, *thus.* तस, तशी, तसें, तसा, तैसें, तैशी, तैसा, तैस, *in that manner.* जस, जशी, जसें, जसा, जैसें, जैशी, जैसा, जैस, *in which manner* कस, कशी, कसें; कसा, कैसें, कैशी, कैसा, कैस, *in what manner?* शीघ्र, लौकर, लवकर, वेगी, त्वरित, *swiftly.* अकस्मात्, अवचत्, दैवात्, *suddenly, unexpectedly.* जर, यद्यपि, यदि, जर्हि, जह्मी, *if.* तर, तद्यपि, तदपि, तर्हि, तह्मी, *then.* चुप, *silently.*

Of Postpositions.

1. Those words which are called Prepositions in European languages are always placed after the word in those of India, and have therefore acquired the name of Postpositions. The following may serve as a specimen of them: कारण, करितां, साटी, स्तव, *for*. वर, वरते, *upon*. खाले, खालते, *beneath*. पावेतो, पर्य्यन्त, *until, unto*. प्रति, *to*. कडे, दिशा, *towards*. मध्यें, *in, within*. जवळ, निकट, *near*

2. Some of the words used as postpositions are nouns substantive, and therefore always govern a genitive case, or form a compound word with that which they govern; others are indeclinable particles.

3. Besides the postpositions there are twenty inseparable prepositions (उपसर्ग), which, being placed before primitive verbs, or nouns, produce a different meaning of the word. It is not easy to affix a definite meaning to these particles; but the most general one is given. They are the following: viz. आ, *extension.* अति, *enlargement. excess.* अधि, *possession.* अनु, *consequence, imitation.* अभि, *reception, turning towards.* अप, *deterioration, ablation.* अधि, *completeness.* अव, *ablation, deterioration.* उप, *vicinity, imitation.* उत्, *elevation.* दुर्, *baseness, vileness.* निर्, *privation.* नि, *amelioration, compleatness.* प्र, *excellence.* प्रति, *retribution, remuneration.* परि, *exuberance, compleatness.* वि, *privation, excellence.* परा, *aversion, excess.* सं, *connection, collection.* सु, *excellence, superiority.* *Ex.* आसमुद्र, *extending from the sea to—* अतिशय, *excessive.*

अधिकार, *a possession.* अनुक्रम, *in succession.* अभिमुख, *facing, turning towards.* अपवाद, *accusation.* अवकृष्ठ, *deteriorate .* उपकार, *assistance.* उपपति, *a gallant.* उत्कृष्ठ, *good, ameliorated.* दुराचार, *wicked.* निरर्थ, *useless.* प्रकाश, *manifestation.* प्रतिहिंस, *revenge.* प्रत्युत्तर, *a reply.* परिपूर्ण, *compleatly filled.* व्यर्थ, *in vain.* विलक्षण, *excellent.* सम्पूर्ण, *compleat.* सुस्थ, *well, happy.* पराजय, *complete conquest.*

Of Conjunctions.

These particles not admitting of any inflection, a bare list of the most common ones will be sufficient. They are as follows:

वा, आणि, आणखीन, अथवा, तथा, *and, also moreover* परन्तु, पण, किन्तु, *but, yet, nevertheless.* किम्बा, कि, *or.* वरिक, *rather.* तथाच, तथापि, तर्हि, तद्पि, तद्यपि, *yet, nevertheless,* &c.

Of Interjections.

The principal are आहा, *oh! alas!* आहाहा, *brave! surprising! oh!* हूंहूंहूं, *alas! forbear!* बः, उः, *oh! alas!* फुस्, *fie! pshaw.*

SECTION IX.

Of Syntax.

1. In order to form sentences in this language it is usual to place the agent of the verb first, the object second, and the verb last. *Ex.* मीं त्याहाच्या कुत्र्यास् मारीन्, *I will beat his dog.*

2. The substantive or verb concerning which any thing is spoken, is called the विशिष्य, *Vishishyu*, and whatever expresses any peculiarity, quality, or defect thereof, is called the विशेषण, *Visheshunu*. This is an adjective, if the *vishishyu* be a noun, and an adverb, if it be a verb. The *visheshunu* sometimes consists of a sentence or sentences by which some property or circumstances of a word are described; and though composed of subordinate *visheshunus* and vis-

shi*s*hy*us*, is to be considered as its adjective, or vi*s*hesh*unu*. *Ex.* फार चांगली आणि आय कायायेाग्य गोष्ट, *a very good word, and proper to be heard.*

3. The vi*s*hesh*unu*, however long, should always precede the vi*s*hi*s*hy*u*, and must agree with it in gender, number and case. When it forms a compound word with it, the terminations of number and case are not expressed. *Ex.* फार चांगला मनुष्य, *a very good man.*

4. The genitive case always agrees in gender with the word which governs it. The genitive in चा, and adjective in आ, are masculine singular; that in ची, and the adjective in ई, are feminine singular and neuter plural; that in चं, or the adjective in अं, are neuter singular; that in चे, or the adjective in ए, are masculine plural, and

that in च्या, or the adjective in या, are feminine plural. चे or च्या, and the adjectives in ए, or या, agree with nouns in the accusative plural, or the locative case, at the option of the speaker. *Ex.* त्याचा बाप, *his father.* त्याची माय, *his mother.* त्याचे घोरे, *his horses.* त्याच्या वहिनी, *his sisters.* त्याच घर, *his house.* त्याची घरं, *his houses.* मीं त्याचे or त्याच्या कुत्र्यास् मारीन्, *I will beat his dog.* मीं त्याचे or त्याच्या घरी जाईन्, *I will go to his house.*

5. Some neuter and common nouns, and a few feminines which end in अ, or a consonant, make the singular plural in ई: as कुत्र, *a dog,* लुगड, the name of a particular garment, वहिन, *a sister.* The genitive and adjective in ई must be always used to agree with these plurals. *Ex.* माझी कुत्र, *my dogs.* माझी लुगडी, *my looguru.* माझी वहिनी, *my sisters.*

6. When any thing is said to be done *with* another, except it mean *in company with* or *by the instrumentality of*, it is expressed by affixing शी to the word denoting the person with whom, or the thing with which the action is done. *Ex.* बरग्याशी लडाई होते, *there is war with the Mahrattas.* मश्शी भेटला होता, *he met with me.*

7. सा, स, शी and श्या are added to adjectives in the form of enclytics to give emphasis to the word, or to express the English words, *even*, *&c.* *Ex.* लाहुनसा घोडा घेऊन ये, *having taken the little horse come.* चाऊलस वस्त्र घेऊन ये, *taking the good cloth come.* चाऊलिशी लेखणी घेऊन य, *taking the good pen come.* सुन्दरशे लेकरूं आण, *bring that handsome child.* शाहाण्याश्या बायका पाहिजेत, *there is need of some clever women.* फारशी घरं पा

हून् आलेत्, *I having seen many houses came.*

8. When the object of a verb with its *vishe-shunu* consists of a long sentence, or of several sentences, and the agent consists of one or a few words, the object is placed first, and the agent immediately precedes the verb. *Ex.* सर्व्व शक्तिवान् आणि अतिशय दयाळु सृष्टि स्थिति कर्त्ता ईश्वरास् मीं नमस्कार कर्त्तों, *I bow to the almighty and most merciful Lord, the creator and preserver.*

9. The agent of an active verb is always in the nominative case, and that of a passive verb in the instrumental, or is expressed by a form which is equivalent to the instrumental. *Ex.* मीं कर्त्तों, *I do.* आम्च्याने केलज्यात्, *this business is done by us.*

10. The agent of an active verb in the imper-

fect, perfect, and pluperfect tenses, the first and second persons plural excepted, is in the instrumental case. The forms of the instrumental used on this occason are म्यां, *by me,* त्वां or तां, *by thee,* त्यान or त्याने, *by him,* and त्याही, त्याहाही, त्यानी or त्याहानी, *by them.* *Ex.* म्या त्याहास् म्हटल्, *I spake to him.*

11. The agent of a verb in the preter tense cannot be in the instrumental case if the action be suspended upon the performance of a prior action exprèssed by an active participle, because the verb, though accounted active, is really passive when thus governed. *Ex.* यिशु पितराचे घरी येऊन् पितराची सासू ज्वराने पीडिता शायनी पाहिली, *Jesus, having come to Peter's house, saw his wife's mother lying ill of a fever.* The agent of this sentence cannot be यिशुने because of the subordinate sentence पितराचे घरी

येऊन, but if that be omitted the agent must be in the the third case. *Ex.* येशुने पित्तराच्‌ सासूस्‌ or पित्तराची सासू ज्वराने पीडित प्रायनी पाहली, *Jesus saw Peter's wife's mother lying ill of a fever,* or *Peter's wife's mother, lying ill of a fever, was seen by Jesus.* In the active form the genitive must be in चे, because it agrees with an accusative case; in the passive form it must be in ची, to agree with the gender of the noun सासू.

12. An active verb usually governs a noun in the accusative case, and the subject of a passive verb is in the nominative case. *Ex.* मीं त्याहांस्‌ पाहीन्‌, *I will see them.* हे पुस्तक माझ्याने, लिहल जाईल्‌, *This book will be written by me.*

13. Verbs signifying falling from, seperating from, going from, receiving from, &c. govern a

noun in the ablative case. *Ex.* तेा घरातून् निघाला, *he came out of the house.*

14. Compound verbs active, viz. such as are formed by adding the verb करणा to a substantive, govern an accusative case, but if the verb be considered as distinct, the noun which gives force and meaning to the verb is constructed with its object in the genitive case. *Ex.* ईश्वराची पूजा कर्त्तों or ईश्वरास् पूजा कर्त्तों, *I worship God.*

15. Verbs of motion towards a place or thing govern a noun either in the locative or accusative case; those denoting arrived at, or remaining in, a place, govern a noun in the locative case only. *Ex.* मीं घरी or घरास् जातें, *I go to the house.* मीं घरी राहतें, *I stay in the house.*

16. The infinitive mode of a verb, followed by पडणा, *to fall,* governs a noun in the accusative

case, to express obligation. *Ex.* तुम्हास् कलकत्त्यांत् जाणे पडेल, *you must go to Calcutta.*

17. When a comparison is made between two sentences, that which in English would be last, must be placed first in this language, and the word अपेक्ष affixed to it. *Ex.* या संसारांत् इन्द्र्याचा दमण करण नरकीं जायापेक्ष उत्तम आहे, *it is better to subdue the appetites in this world than to go to hell.*

18. That member of a sentence which is governed by a relative pronoun generally precedes that which is governed by the antecedent. These pronouns must precede the noun in the manner of adjectives, and neyer follow as explanatory of it. *Ex.* जे मनुष्य तुमचे घरी गेला होता तो माझा एथेही आला होता, *that man came to my house who had been to yours.*

APPENDIX.

DIALOGUE I.

साहेबाशी आणि त्याहाचे मानसांशी ।

साहेब सलाम ।

खानसामा वस्त्रं आण ।

फराळाची सामग्री सिद्ध करिव् ।

सर्व सामग्री सिद्ध आहे साहेब ।

मीं वस्त्र नेसून् फराळ करीन् ।

तोवर मुन्श्यास बलाऊन् आणीव् ।

बहुत उत्तम ।

मुन्शीजी आले आहेत् साहेब ।

त्याहांस् बसायास् चौकी दे ।

मुनशीजी आज तुम्हांस उशीर फार झाला ।

हा साहेब एके कामामूळे कांहिक उशीर झाला खरा ।

असा उशीर झाल्यास पढण्यांत खोळम्बा होईल ।

आतां असें होणार नाही साहेब ।

आज तुम्ही जा उद्या नवा बटिकेंत या ।
बऊत बरे ।

Continued.

तेच गोष्ट ।

खानसामा स्वारी सिद्ध करीब ।

उत्तम करवितों ।

स्वारी सिद्ध झाली आहे साहेब ।

माझे घरतून् येणेपावेतो स्वयंपाक सिद्ध करिव्।

जे आज्ञा करवीन्।

खानसामा सरकार आला आहे?

आज अद्याप तर आला नाही साहेब।

कां आला नाही?

मला कळले नाही की तो कां आला नाही।

एक मनुष्य धाडून् त्याचा समाचार आणीव्।

त्याचें घर तर कोणाहासही ठाऊक नाहीं साहेब।

बर आतां आल्यास् त्याचे घराचा ठिकाणा पुसून् ठेवणे।

जे आज्ञा पुसून् टेवीन्।

स्वयंपाक सिद्ध झाला आहे साहेब।

तर परातेंत वाढून आणिव।

Continued.

तेच गोष्ट।

सरकार आला आहे साहेब।

त्यास माझे समोर घेऊन ये।

सरकार तुला आज उशीर कां झाला?

शरीरास स्वस्थ न व्हत म्हणून उशीर झाला।

बर आतां तर स्वास्थ्य आहे। काम काज करूं सकशील।

हो साहेब आतां करूं सकेन।

ज्या प्रमाणे मी आज्ञा करीन त्या प्रमाणे राहूं सकशील।

हो साहेब तेथंबैसो राहून कार्य करीन।

आताशीच खाले जाऊन बैस मीं जेऊन उठून कार्य सांगेन।

सरकार बाजारातून कांहीक वस्त्रं घेऊन ये।

बर साहेब आणतों।

वस्त्रं आणली आहेत ते पाहावीत।

कोणती वस्त्रं कोण्या मोलीचीं आहेत ते सांग।

हे वस्त्रं दाहा रूपैये थानाचे हिशोबी गडांत आणले आहें।

मला इतकी वस्त्रं तर घेण नाही एखान्द थान घेईन यास्तव याच थानाचा मोल सांग।

मीं त्या काण्ड्याशी वेगळेर मोल घुक ऊन् येऊन् सांगेन्।

तूझ्या रोकडीत् कितीक पैका आहे सांग।

पैका जो होता तो खर्च झाला आतां थों अर्घ असेल्।

रुपैये पाहिजे तर खानसामा पासून् घे।

उत्तम पाहिजे तेव्हां घेईन्।

संप्रति घोड्याचा दाणा आणविला पाहि जे।

बर आणवीन्।

मास सरला चाकरांचे चन्दीन्याची फर्द करून् आण   त्याहांचा चन्दीना द्यायाची आज्ञा देईन्।

जे आज्ञा उद्या फर्द करून् दाखवीन्।

सलाम आज मी घरी जातों।

वर जा उद्या सकाळी येऊन् ज्या ज्या कामाची आज्ञा दिल्ही आहे ते सर्व कर्।

DIALOGUE II.

साहेबाशी आणि एके ग्रहस्थाशी गोष्ट।

अमुक ग्रहस्थ आपले भेटीस आले आहेत्।

येऊं द्या।

सलाम साहेब।

सलाम पन्तो।

तुम्ही बरे आहा?

हो साहेबाचे अनुग्रहाने बरा आहे।

आपण तर बरे अस्ता?

हो ईश्वराचे कृपेने वरा आहें।

बोला आज तुम्ही काय मनोदय करून आले आहा ?

आपल्या भेटीची इच्छा फार होती म्हणून दर्शणास आलों ।

मोटी कृपा केली ।

सांगा लेकरं बाळं कुटुम्ब अवघे बरे तर अहेत ?

हो साहब आपल अनुग्रहानें सर्व वरे अहेत ।

काय उद्योग करित आस्ता ?

पूर्वी कमाविशदारी करित होतें परन्तु संप्रति उगाच बसलों आहें ।

कां आतां उद्योग करित नाहींत ?

आतां जे उद्योग करित नाही याच कारण हे की पूर्वी श्रीमन्ताचा अनुग्रह फार होता आतां तादृश नाहीं ।

तर आतां तुम्‌चो जीविका काश्याने चाल्‌ते? ।

जवळ कांहींक द्रव्य आहे त्याचाच् हेर फेर कहून् काळ क्षेप करतों ।

कसा हेर्‌फेर कर्त्ता आणि त्यांत् तुम्हास् काय मिळत् असे? ते सांगा ।

वस्ता गाहाण ठेऊन् ऋण देतों त्यांत् रुपया दोन रुपैये शेकडा व्याज मिळते ।

एथे काय गाहाण गाठीचा व्यापार बहुत् होत् असता? ।

नाही साहेब क्वचित् कधीं ।

बर एथे कोणता उद्योग असा आहे की ज्यांत् मिळगत फार होय ।

DIALOGUE III.

श्रीमन्ताशी आणी नायकाशी ।

अरे कोणही आहे ।

हो महाराज मीं आहे ।

नायकजीस बलाऊन आण ।

जे आज्ञा ।

नायकजी तुम्हास श्रीमन्ताही आठविले आहे ।

चला ।

कांरे काश्यास असे समयी बलाविसे आहे ।

तुला कांही ठाऊक आहे? ।

नाही महाराज मला तर कांही कळले नाहीं।

परन्त असे वाटते जे कोणही कार्याची आज्ञा करतील्।

श्रीमन्त काय करित् आहेत?।

विहिरीचे कांठी बाजवठावर बसले आहेत् आणि कोनेरपन्त तथा मोरेबा आपा गाश्यावर बसून् श्रीमन्ताशी बोलत् आहेत् आणि आनन्दसागर बागेचा दारोगा राघोजी समोर उभा आहे त्यास कांही गोष्ठ पुसत् होतेत् हे म्यां दूरून् मात्र पाहिले परंन्तु कोणती गोष्ठ पुसत होतेत् ते कहीं आयकिली नाही।

अरे पाऱ्या माझा घोला आण।

द्यावा

मोचे कोठे।

छे लोणोच्या तुला प्रति गोष्टीस म्हटले पाहिजे जाणतोस् जे श्रीमन्ताकडे जातां। या समयीं मीचे आणावे कीः नाहीं। जोवर मीं न मांगेन् तोवर तुला हे सुचत् नाहीं।

माहाराज माझ्याने अपराध झाला आतां असे होणार नाहीं।

माझे सांगाते चाल।

Continued.

तेच् गोष्ट।

माहाराज नायकजी आलेत्।

नमस्कार।

नायकजी।

आज्ञा।

शाबोजी आज्ञा आहे।

ऐशीयास् बागेची प्रस्तुतता ज्या ज्या प्र माणे म्हणोतें त्या त्या प्रमाणे आपण चित्त देऊन् करा आणि लवकर होय ते करणे।

बागेची अवघी भूमी मोजून् मध्यस्थ ळीं पन्नास हात लांब चौरस्ली बारादरींचे मधील्ले दलान आणि त्याचे चंहु कोण्यास् पंधरा हाताच्या चार कोठड्या आणि सज्जा ही त्याच प्रमाणे। खांब गोल इंग्रजी डौलाचे त्याचे वरील् खणाही तोच प्रकार पण पाड्याची छात मात्र ढाळू होईल्। खाली ल्या धरणी आणि पटिया हिरवे रंगांच्या होतील्। वरील् धरण आणि पटिया जंगाली रंगाच्या करून् त्यावार सोनेली झाड् वेल बुट्या नाना प्रकाराच्याः हो तील्। खालिल्ले खणाचे आंथरूण् आणि पडदे बनाती वरील् किरमी मखमला

वर जरदोजी चार हाशिया त्यांत् चमकी तथा कलाबत्तूचे भरावटेचा पडदा आय् हाण समयोपयुक्त शीतकाळीं विलायती गलीच्याचा तथा उबाऱ्या चे काळी शीतळ पाटीचा आणि बधा काळीं पांढरे वस्त्रा चा या रीतीचे होतील। बारादरीचे ओंट्याखालते पूर्वेकडे गुलाबाचा तख्ता।

दक्षिणेकडे मोगऱ्याचा तख्ता त्यानन्तर बेलाचा। पश्चिमेकडे एके एके वळीने जाइ जूइ शेवती मालती चांपा बकुळ यांच्या पट्या। उत्तरेकडे समयानुरूप फूलं लावि ली जातील् अशी रचना करवा बागेचे चंऊ दिशेस् तिन्हइ लांब शंभर हात रुन्द पंच वीस् वीसपन्धरा हाता प्रमाणे आणि भिन्ति बाहेर हस्ती ऊट घोडीं राहायाची जागा एकीकडे। आणि खज्या ठेवायची जागा दूसरेकडे। आणखीन् माणसे राहायचे स्थळ तीसरेकडे। दाराह्याचे समोर चौक पक्का

गचुगीरीचा दोंहों पार्श्वीं आसूद् कांइंजे बहलिये तेलग्यांची चेाकीची जागा असे आणि फूलांचे तखत्यानन्तर चहूंकडे चार तळीं त्याचे चारी घाट पाथराने कांठ इठ् करान बांधले जातील। प्रति घाटावर एकेक चांदणी त्यावर चोबारा होईल् त्या चोबाऱ्याची कवाडं खिडक्या धरण प्रभृति कांवर रंगा मजीचे काम होईल। या रीतिचे

होईल् आणि चेांदिवारीच जवळ वळी ने आंबां फणास पेरु अमरुद् अंजीर शफताळु द्राक्षा प्रभृति फळांची वळी चहूंकडे त्याचे इकडे शाक भाजीच्या ब्यां पेरायाची जागा असेल् साहा प्रमाणे पेरल्या जातील् याचे खर्च वेचा यास्तव जो ऐवज पाहिजे तो जामदारखान्यावर रोखा करून द्या। बागेत माळी बेलदार जितके पाहिजेत् तितके ठेवा जसे बाग स्वच्छा राहेराण नहोऊं पावे।

जे आज्ञा ।

ज्या ज्या प्रकारीं आज्ञा जाली तद्रुप करीन् राघोजीही आपकत आहेत् ।

मीं तर सदैव तेथे जाऊं सकणार नाही ते तेथे सर्वदा राहतील् ।

कधीं कधीं मीं जाऊन् समाचार घेत जाईन ।

अथियास् तुम्होही श्रीमन्तांची आज्ञा जे जाली ते सर्व गोष्ट ध्यानांत ठेवा ।

याच रीतीने करणे पडेल् ।

हो राघोजी म्यां ज्या ज्या गोष्टी म्हट ल्याल् ते सर्व तुम्चे चित्तांत प्रविष्ट जा ल्यात् की नाही ।

हो महाराज अवघी गोष्ट आयकली ।

आज्ञानुरूपच् होईल् आणि नायकजोही मध्ये जाऊन् शोध समाचार घेतील् श्रीमन्ताचे प्रतापाने यथास्थित होईल् या सेवकान अन्तर पडणार नाहीं आणि जेव्हां जेव्हां जो जो प्रकार होत जाईल् तेव्हां तेव्हां समक्ष विनन्ती करित् जाईन् ।

फार उत्तम आतां विदा व्हां ।

DIALOGUE IV.

विदेशाहून् मित्रयावून् परन्तापी वृतान्ताचे कथोपकथन ।

काय हा पन्तो घरी आहा ।

कोण आहा? ।

मीं ।

काण भट्जी महाराज।

या या आज मोटा सुदिन जे आपले दर्शन झाले।

कधीं येणे झाले?।

परवां आलों।

शरीर अतिशय कृष झाले आहे।

हो प्रवासाचे श्रम आपणास तर विदित आहेत् समयास् खाणे पीणे नाहीं आणि वाटेत् चालतां चालतां समाड निघतो भाद्रवाचे उन्हाने अवघे शरीर जळून जाते आणि ताहानने गळा ऊर वाळून फाटतो।

कां सकाळीं उठून स्नान सन्ध्या करून थोड तोंडांत घालून मजिल् केली तर होत् नाहीं? तिकडील्ले वाटेत् तर काहीं भय नाहीं

अहा आतां मोठा उपद्रव आहे पर्वति ये लोकांहीं अतिशय उपद्रव आरम्भ केला आहे यास्तव वाटेत् मळ्याचे सांगाते व्यतिरेक मजलीत् चालता येत् नाही ।

कां असा उत्पात् तर कधीं नव्हता याचे कारण काय? ।

तुम्ही किमपि आयकिले नाहीं । तेथीले राज्याचे भावां भावांत् झगडा झाला आहे धाकटा भाऊ कितीक सैन्य एकवाट करून राज्याचा वांटा मांगतो यामूळे पर्वतिये लोकांस् फावलें ते लोक एकत्र होऊन् वाट सरू यात्रकरूस लुटून् घेतेत् राजा तर आपले घराचे विरोधांत् पडला आहे त्याच्याने याह्यांचे पारपत्य करूं सकत् नाही ।

हां तर वाटेत् फार सशंकित होऊन् येणे पडत ।

हो ।

आपल्यास या प्रवासांत काय प्राप्त का ले? ।

काहीं फारतर या कागद्यास्तव मिळ ले नाहीं परन्तु म्यां तेथे एक द्ग्रागंथाचे पारायण केले होते त्यांत राज्याकडून दोन सहस्र रूपैये आणि दिवाणाने पांच प्रो। वर्कडग्रहस्यांजवळून बाराशि कि तीक रूपैये एकून चौं सहस्राचे पोटांत मि ळालेत।

अस्तु।

या समयास जे ह मिळाले हेही मोटी गोष्ट आहे।

हो महाराज खरें।

बर स्वस्थ दोम घरी तर पावलेत् हेच मोटा लाभ आहे।

DIALOGUE V.

दिवानजी इकडे या ।

हो साहेब आलों ।

आज मुरशिदाबादहून खजाना आला आहे? किती आला आहे?।

पांच लक्ष रोकडे बारा लक्षाचा लोट एकून सतरा लक्ष ।

फौजेचा महीना द्या ।

जे आज्ञा साहेब ।

सिबन्दीचे लोकांस व खासबरदारांस या दोहीं जमातीस सांगणे जे मोहिमास जाणे पडेल ।

त्यां कालीच आज्ञा केली आहे ।

यालखीची सामग्री आणऊन यालकी प्रस्तुत करवा।

यालकी सिद्ध झाली आहे।

केह्वां झाली।

सन्ध्या काळीं सिद्ध झाली।

काशीची पत्रं परवां आली होतीत त्यांत समाचार काय लिहला होता?।

दाजीबा दिल्लीस गेलेत।

त्याहांचे समागमीं कोण्ही बुद्धिमान नाहीं।

गणेश पन्त सांगाते गेले आहेत पण त्याहांचे माहातार पणाचे दिवस आलेत त हींत्या माहाताच्य सारिखा दूसरा बुद्धिवान होण कठिण।

पत्रांच उत्तर लोकर लिहा।

उद्या लिहीन्।

त्यां पत्राचें सहित चें लखाची ऊणी पाठऊन् द्या।

बर।

काणहाचे दुकान्राची पांठऊं।

भवानीदासाचे दुकान्ची लिहून् पाठ वा।

आणखी जे कांहीं पाठविण आहे ते उद्या सांगेन्।

DIALOGUE VI.

तुम्ही चला आम्हीहीं येतों तेही गृहस्थ माघान्‌न् येतील् क्षणभर विलम्ब केल्यान तेही येऊन् पावतील् जे गोष्ट तुम्ही म्हणा ल् तेच् गोष्ट आम्हीहीं म्हणूं। तुम्ही गेले

ह्मोतेत् तुम्शी त्याहाशी भेट ऋाली होती की नांहीं?। तुम्ही आम्चे घरी या अथवा आम्ह तुम्चे घरी येऊं।

बऊत चांगले हेच् करा तुम्ही त्या कार्यास् गेले होतेत् ते कार्य तर करून् आलेच् असाल् आम्हीहीं उद्या पर्यन्त जाऊं वा तेच् परवां पावेतो येतील् तुम्ही या कार्यास् तर शीघ्र जा हे। कार्य करूंन् शीघ्र येऊंन् निरोप सांगा। अहो आज ते आले होतेत काल तुम्हास् त्यांहाचे बिह्राडी जाणे उचित आहे। जो सरदार या प्रकारे म्हणून् जाय त्याचा मान ठेवणे अगत्य आहें।

अहो ज्या कार्यास् आपण पाठवील होते त्या कार्यास् मीं सर्व करून् घेऊन् आलो आहें।

तुम्ही इकडे या जे गोष्ठ तुम्हास् श्रीमन्ताचे सेवेत विज्ञाप्त करायास् काल म्हटली ते

श्रीमन्तास् म्हटली तदनन्तर श्रीमन्त काय बोलस्तेत् श्रीमन्ताचा मनोदय काय आहे? जो श्रीमन्ता चा मनोदय असेल् त्याच् प्रमाणे बतणुक करूं।

अहो एक गोष्ठ कानांत् आयकून् जा साहेबांचे कानांत् म्हणून् जे आज्ञा करीत् ते सत्वर येऊन् अम्हास् सगा तदनन्तर आपसे विचारांत् जे गोष्ठ दृढ येईल् ते करूं।

तुम्हीं इकडे या कांहीं गोष्ठ म्हणायाची आहे आयकून् जा त्वरेने त्याहांस् समागमें घेऊन् या। तिकडे त्यांहांचे जवळ जा आमची निरोप विज्ञप्त पूर्वक सांगा तेही आयकून् सत्वर स्वार होऊन् येतील् आज त्याहासही आणा घाशा देऊन् आणा। अहो तुम्हास् कांही विचारही आहे उद्या इंगरेजाचा मोटा दिवस् होईल सारे इंगरेज मोटी खुषी करतील् तोपा फार सोडतील्

व नाच घरांत रोशनी व नाच व मोटा खा
नाही होईल। शहराचे सर्व थोर थोर
लोक व महाजन व संपूर्ण धाकटे मोटे
लोक तमाशा पाहायास जातील आम्हीहीं
स्वार होऊन तमाशा पाहायास जाऊं मो
टा दिवस झाल्यावर एके दिवशी दरबार
मोटे साहेबाचा होईल सर्व दरबारी लोक
मोटे साहेबाचे भेटीस जातील। नजरा
देतील आम्हीहीं भेटीस जाऊं नजर देऊं।
आम्हास वस्त्रे शिरोपाव मिळायाची वह
न्तो आहे पाहावें काय वेळेवर उपयोग
घडतो। अहो दाजी आपण कांहीं इंगरेजी
भाषा उमजतां?

महाराज आम्ही लेकुरपणी कलकत्त्यांत
संगति गुणें कांहीं शिकलो होतों निपट
थोरपण होत सारी विसरलों। काहीं कांहीं
मनीं पडते। श्रीमंताची आज्ञा झाल्यास
अभ्यास केल्याने आतांही शिकूं सकतों।

अहो इंगरेजी मोटी विद्या आहे शिक्ल्यास् फार उपयोगी पडेल्।

बहुत चांगले मीं याचा उद्योग करतें आहे।

दाजी गेले आहेत् त्याअवघ्यांस् घेऊन् येतील् तुम्ही पुढें चला आम्हीहीं माघून् येतां। जर ते आगोधर आम्हाहून् पावेत् तर बहुत उत्तम आहे नांही तर त्याहाचे आणायास् प्रयत्न करणे पडेल् खाच्या पाठविणे पडतील्।

माहाराज काय चिन्ता तेथे पावल्यावर आपले आज्ञा प्रमाणें उद्योग केला जाईल्।

अहो तात्या मीं तर माहातारा झालों दांत पडूं लागलेत् वृद्धावस्थेत् इंद्रा शिथिळ झाल्यांत् जीवनाचे सुख किमपि नाहीं। त तरुणावस्थेचे सुखास् विसरून् शरीर अनित्य जाणून् काश्यादिक तीर्थांचे सेवन्

करावें आतां चिरंजीवाचे दिवस आहेत तरूणा वस्था आहे नाच तमाशे पाहोत सुख करोत माझें मन यामूळे या तमाश्यांत लागत नाहो। आमचे चिरंजीवांस जऊात् घेऊन् या मोटे दिसाचा तमाशा म्यां फार पाहिला आहे त्यामूलांही पाहिला नांही ते पाहोत् त्यानी पाहिल्यास चित्तास् सन्तोष समाधान होईल्।

दाजी विदा होऊन चिरंजीवांजवळ गेलेव त्याहांस् स्वार करवून् घेऊन् आलेत् श्रीम न्तांनी चिरंजीवां सहित मोटे दिसाचे रात्री चा अतिशय तमाशा होता तो सर्व पाहून सर्वां सगट घरी कुशल क्षेम आलेत्।

DIALOGUE VII.

आम्हीं श्रीमन्तांचे भेटीस आलां हो तों श्रीमन्त शिकार खेळायास् गेले होतेत् यास्तव भेट नझाली परतून् गेलां ।

हे आपणानी सत्य म्हटले प्रहर दिवस चढल्यानंतर आम्ही स्वार होऊन शिकारेस गेलों होतों यास्तव भेट नझाली आपणास् परतुन् जावें लागले।

आपणाही आम्हचे कामाची काय नेमणूक केली आहे? आम्ही तर सर्वा प्रकारे आपलेच् आहों आपलाच भरोसा आहे आपण वडील् आहा ।

आम्ही तुम्हचे कार्याचा बन्दोबस्त हा नेमिला आहे श्रीमन्त पण्डितप्रधान पेशवे साहेब यांशी आपली भेट करवून जागीर ब

हाल करवून् वस्त्रं देवून् आपले जागीराचे कमावीस्यदारीवर विदा करूं।

आम्चे त्या कार्याचे काय कर्तव्य ते अपण स्पष्ट आज्ञा करा। माझ्यान हें कार्य अन्यथा हाणार नाही आम्ही पहिलेच सर्व स्पष्टा श्रीमन्तासमोर बोलों होतों यथार्थ जे असेल तेच होईल।

DIALOGUE VIII.

श्रीगणेशपन्त सारे लोकांचे कार्य सिद्ध कर्तात् माझें कार्यही सिद्ध करा। मीं आपला दासानुदास आहे आज आपण सेवकाचे वह्राडीं येऊन शोभा केली पाहिजे बऊत उत्तम आज अगत्य येऊं।

सायंकाळीं श्रीगणेशपन्त आलेत मोटे जमकेने मोटे ठाठेने त्यांहांचे येताच् सर्व कार्य सिद्ध केलें।

अहो श्रीकृष्णपन्तांसही बलवायाचा उद्योग केला पाहिजे ते मर्द घोरांचे घोर आहेत त्यांहांचे न आल्याने वार्य पुढें चालनार नांहीं।

अहो काशीराजपन्तासही बुलाऊं पाठवा मनुष्य पाठवीले आहे तेही कृपा करुन येतील।

तुम्ही आपण जा घेऊन या।

जे आज्ञा मीं आपणाच जातो घेऊन येतों दोन घटिका रात्रि गेल्यानन्तर तेही येऊन पावलेत।

अहो देवराजपन्त भास्करपन्त प्रभृति सर्व सरदांत आलेर।

माहाराज हे सर्वपहिलेच येऊन बसले आहेत।

अहो धर्माजी सर्व साहित्य हत्ती घोडे पालक्या हे सर्वही दारावर आलेत् वा नाही?

माहाराज सर्व हाजिर आहेत् ज्योतिषीने विज्ञप्त केली लग्न अत्यन्त निकट पावले शीघ्र वरास स्वार करवा तदनन्तर सर्व लोक वराती वरासमागमें चालेत् कन्येचे घरीं पावल्यावर जे लग्न घाटिका नेमली होती त्याच् समयीं विवाह वेदोक्त झाले वेदो स्वार ब्राह्मण सर्व करूं लागलेत् व्याह्यात् परस्पर भेटी झाल्यान उभ यथा परस्पर नम्रवाणी वमिष्ठ वचनेस्तुति करूं लागलेत्। तदनन्तर वऱ्हाडाच्या वेदोक्त शास्त्रोक्त सर्व रीती करून् लौकिक व्यवहार संपादून् जे वराती आले होतेत् त्याहा सर्वांचा आदर भाव शिष्टाचार करून् प्रसन्न केले तदन न्तर उभय पक्षाचे व दोन्ही कडचे लोकांस भोजन नाना प्रकारची पकवान्नें व अनेक

प्रकारच्या भाका व [illegible]आ व पापड व चटण्या सर्व साहित्य करवून आग्रह पूर्वक सर्वास् भोजन करवून् बीडे दि ल्हत तदनन्तर संपूर्ण व [illegible]तो लोकां सहित दोघ व्याही सभा करून् बसलेत नाच वस्य चा होऊं लागला याच प्रकारे चार दिवस पावेतो आनन्द मंगळ झाला सर्वा ब्राह्मणांसही भोजने व दक्षिणे व आ दरे व मानाने स[illegible]षवून् सर्व ब्राह्मणांस् विदा केले तदनन्तर वरास् नवरी सहित आंदाण् देऊन् चौथे दिवसी संपूर्ण वरात् विदा केल्यावर तेथून् वरात्या सहित कुशळ क्षेम घरी पावलेत् ।

DIALOGUE IX.

हरकरा रात्र कितकी आहे।

साहेब प्रातःकाळ काला कावळे बोलतेत्। खिद्मतगारास् बलाव।

साहेब खिद्मतगार कोणही एथे नाही अवघे रात्री अपल्या घरी गेले आहेत् मनुष्य पाठऊ बलाऊं धाड।

जे आज्ञा

खिद्मतगार आला?

साहेब मनुष्य पाठविल आहे कोणही वटक्यामध्ये येऊन् पावतो।

साहेब खिद्मतगार आला।

तूं कोठे असतोस्? जेव्हां ऊडिकितों तेव्हां मिळत् नाहीस्।

साहेब रात्र दिवस हजुर राहतों परन्तु काल घरचे मनुष्यें अवघे इमामाचे दर्शनास् गेले होतेत् घरीं कोणही नव्हतेत् या साटीं घरीं होतों।

ऐस झाल्यास् चाकरी राहणार नाहीं मला कामास् जाग आहे लवकर तोंड धायाची सामग्री घेऊन् ये।

साहेब प्रस्तुत आहे।

बेहऱ्यास् म्हण् जे न्हायाची वस्त्रं घेऊन् ये।

साहेब बेहरा वस्त्रासहित हाजिर आहे।

नावीस् बलाव चौर करवीन्।

नावी आला आहे।

बेर्‍यास् स्वारी तयारी करायास् म्हण्

मीं जहाजेवर जाईन्। हरकारा अमुक साहेबाची जहाज कोणे घाटावर आहे ठिकाणा करून् ये।

साहेब म्या आयकिले आहे जे अमुक साहेबाची जहाज येत् होती परन्तु नदीत् पाणी बहुत उणा आहे यास्तव केलागछि यांत ठेविली आहे।

Continued.

साहेब मुनशीजी आले आहेत्।

यायास् म्हण।

साहेब उद्या पाठाचा दिवस आहे आज स्वस्थरूपेन वाक्यं केल्यास् बहुत बरी होतील्।

मुनशीजी तुम्ही जे गोष्ट म्हटली ते

बहुत बरी आहे पण माझ मन ब
हुत अस्थिर आहे दोन वर्षे झालीत
देशाकडील समाचार कांही कळत
नाही यास्तव मीं आज जहाजावर जा
ईन। आज अवकाश व्हायाचा नाहीं तुम्ही
रात्री या। जर सुभीता होईल तर दोन
चार वाक्य लिहीन।

साहेब आज रात्री माझे पुतण्याच वऱ्हाड
आहे दोनी कडील वऱ्हाडी येतील।
मूलाचा बाप अशक्त त्यास उठवत नाही
घरांत दुसरा ऐसा कोणही नाहीं जे
त्याहां अवघ्याचा आदर सन्मान करी
अवघे कामाचा बोध मला घेण पडेल
ऐशियास रात्रीची विदा आज्ञा झाल्यास
उत्तम आहे।

बर उद्या मोठे प्रातःकाळीं या मींही
घोड फिरवायास जाणार नाही।

साहेब दिवानजी भाटे वेळेचे बाहेर बसले आहेत।

मला कां सूचना न केली?।

साहेब पूर्वीं आज्ञा होती जे लिहाया चे समयीं कोणहाची खबर करूं नको या साठी सेवेमध्ये विनन्ती न केली।

त्याहांस सांगाते करून घेऊन ये।

Continued.

दीवानजी बरे आहा? बहुता दिवसान न्तर पाहिले इतके दिवस कोठे होतेत।

साहेब एथेच होतों परन्तु काम काजाची मोटी भीड होती यास्तव सेवेत पाऊं न सकलों आतां सर्व कामाहून अवकाश झाला आहे आतां सदैव सेवेत यैवेन।

महाराच वर्तमान काय आहे?

मला कांही कळल नाही आपण कांही आज्ञा करावी?

जे कांहीं थोड बऊत कळत असेल तर म्हणा।

साहेब बाजारांत् लोटेचा बट्टा प्राय साहा रुपये काला आहे यांत र ि मत च्यांस् बऊत लाभ आहे बाजारांत् बट्टा मुजरा घेऊन् लोट विकत् घेतेत् आणि कम्पनोत् स घाचे नीलामामध्ये ते बरावर चालवितेत आणि गरीब लोकांस् फार विपत्य आहे ज्या ज्या सरकारात् चाकरी करतेत् तेर लाटाचे बट्ट्या निमित्त आपला टोटा जाणून् नगद रुपये घायास् मावे पुढे करतेत् दाहा दाहा महिने पावेतो एक कपर्दिक मिळत् नाहीं खायाची विपत्य फार पावतेत।

दिवानजी हे कष्ठ थोडे दिवसाचे आहेत

मुलकाची आमदनी आल्यास हा बट्टा राहणार नाही।

साहेब आपले समयाची गोष्ट कोठवर म्हणूं ज्याचे मीं बर करतों ते मात्र वाईट करतें। एक मनुष्य दुर्गाप्रसाद म्हणून महाजनाचे नालशीने जेहल खान्यामध्ये कैद होता त्याचे सोडवायाचे निमित्त मला अमुक साहेबाने आज्ञा केली होती आणि मींही त्यास अति दीन गरिब आयकून आपले पासून दोन शत रुपये देऊन तथून विमुक्त केल आणाखीन् आपले एका साहेबाचे सांगाते सर्व कामकाजाचा मुखत्यार करून पूर्व कडे पाठविल होता जेव्हां मीं वर्द्धमानाहून त्या प्रांन्ती गेलों तेथिल्ले कारबारी लोक त्याची दुष्टताची गोष्ट माझे पाशी म्हणूं लागलेत परन्तु म्यां त्या गोष्टी कानावर न घतल्यात त्याचे

ह्याहा बारा दिवसानन्तर माझा धाकटा भाऊ साहेबाचे आज्ञा प्रमाणे एका किरानीस् बहुत् योग्य अनेक इंग्रेजाचे सरकारांत् व्यापार केलेला पाहून सांगाते घेऊन् आला होता मीं त्यास हस्ताक्षरांसहित साहेबाचे हुजुरांत घेऊन् गेलों। साहेब अक्षर पाहून् बहुत् सन्तुष्ट झालेत् आणि आज्ञा केली जे यास् माझे खासगत् काम समापंत करा दुर्गाप्रसादाने त्याची चाहाडी साहेबाचे पाशी करून् त्याचे कामास् मोडा घातला आणखीन् रामलोचन नावां एक साहेबाचा मुनशी होता त्यावरते साहेबा रागभरले होतेत् त्याचा अपराध क्षमा करवून् त्यास् आपले नायबी मध्ये नियुक्त केल आहे आणि जे जे कारबारी माझे कडील् होतेत् त्याहांस् मुनशीचे हाताने सोडविला।

दिवानजी तुम्ही काहीं चिन्ता नका करूं ते माझा फार मित्र आहे मोटे दिवसावर एथे येईल् त्यास् मीं समजाऊन् ज्या प्रकारे होईल् त्या प्रकारे दुर्गाप्रसादास् मुनशी सहित सोडविन्।

साहेब मला कांहीं एकान्ती म्हणे आहे अमुक जमीनदार माझा मोटा मित्र त्याची मा मलत मेदनीपुराचे जिल्याचे माझाते होती यास्तव तमचे कडून् जे साहेब तेथे असोत् त्याहांचे जवळ दहा हजार रुपेये ठेऊन् त्याहांस् अपील खरचाचा जामिन् दिल्हा होता अन्तकाळीं त्या जमीनदाराने अपीलन केली जे रुपेये त्या इंगरेजापाशी ठेविले होतेत् त्यातून् सहा हजार रुपेये फिरून् पाव ल्लेत् बांकी चार हजार रुपेये देत् नाहींत् ऊज्जत कर्त्तेत् साहेब तो जमीनदार माझा मोटा मित्र आहे आणि आपण जे माझे वर अनुग्रह करता हेता बरे प्रकारे

जाणतो याकारणें मला या रुपैये साटीं बळून लिहूल आहे यास्तव मीं प्रत्यापी आहें जे आपण मेदनीपुराचे कोठीचे साहेबास् चिठ्ठी लिहावी जे राज्याचे रुपैये देऊन् आपणास् रसीद पाठवीत् अथवा कांहीं उजुर असे तर अपणास् लिहून् पाठवीत् साहेब राज्याचे रुपैये राज्यास् प्राप्त जाल्यास् हुजूरांत माफे राहायाची सार्थकता आहे।

उद्या जेव्हां डाकाची चिठ्ठी लिहीन् तेव्हां आठवण करून् देणें।

साहेब या वेळेस् आज्ञा होय तर बिह्राडास् जाऊं।

विदा व्हा।

मलाही विलायतेस् पत्र लिहिणें आहे जहाज एका दों दिवसांत् जाईल।

साहेब विलायते मध्ये अमुक साहेब माफें

मोटे मुरव्वी आहेत त्याहांस् मींहीं पत्र लिहोन्। परन्तु मला इंगरेजी लिहितां येत् नाहीं। जर दोन तीन दिवस उशीर होय तर कोणाहांपासून् लिहवून् आणून् देईन्।

बहुत उत्तम आहे।

THE STORY OF THE MERCHANT'S SON.

एके महाजनाने आपले पुत्रास् अन्त कालीं चार गोष्ठी सांगून् मेला जे अरे पुत्रा राज्याचे अनुग्रहाचा विश्वाम करूं नको आणि कोतवालाची प्रीति मनांत् आणू नको आणखीन् धाकटे लोकाशी मैत्री करूं नको आणिक् मनाची गोष्ठ बायकोस् सांगूं नको। त्या प्रकार पुत्राने आपले बापाचे मेल्याचे

थोडे दिवसानन्तर राजदासीशीं प्रीति केली। तोवङ्कत गुणावान सुशील विद्यावान आनि अनेकाप्रकारे उपयुक्त आणि विचार परामर्शादि विषयांत बङ्कत योग्य होता राजाहि त्याच गुण व सौजन्य पाहून फार कृपा अनुग्रह करित होतेत आणखीन् कोतवाला सांगाते बन्धुत्वही होत। एक दिवस पित्याच्या उपदेश केलेल्या गोष्ठी परिक्षा करायानिमित्त राज्याचे घरीं अति प्रत्यूषीं गेला त्या समयीं राजा अन्तःपुरांत होतेत साऊकार पुत्र राज्याचे द्वारीं उभा राहून् राज्याचे भेटी साटी त्याहांचे उठायाची अपेक्षा करित होता इतक्यांत तेच दासी जीचे सांगाते त्या महाजनाची प्रीति होती ते एका मडक्यांत् पाणी माटी घेऊन् सडा घालायास्तव दारावर आली त्याने तिशी उपहास्य केला बटकीनं पोतेर व सड्याचे मडक्याच

पाणी त्याचे वर टाकल महाजन लोकाचे डोळे बाचवून् पालखीवर स्वार होऊन् आपले वरीं मेला आणिक् आपले त्याले वस्त्रास् एक मडक्यांत् भरून् व त्याचे ताण्डास् बळकट बांधून् अन्तःपुरांत जेथे निजत् होता तेथे त्याचे वरते एक शिंक बाधून् त्यावर मडक ठेवल आणखीन् त्याचे दुसरे दिवशी राजमन्दिरी जाऊन् राज्याचे लेकास् चोरून् आणून् एकान्तस्थळी ठेवल तेथे राज्याचे वाड्यांत् राजाचा लेक हारपला म्हणून् घोर काला आणखीन् हे गोष्ट राज्या पावेतो गेली राज्याने त्याक्षणीं कोतवालास् बलाऊन् आज्ञा केली जे राजपुत्रास् अलंकार आभूषण व चोरा सहित हाजिर करशील् तर उत्तम आहे नाहीं तर तुला आनि तुझे स्त्री पुत्रास् तेल्याचे घाण्यांत् पेडनूव टाकवीन्। कोतवा लाने राज्याचे समीप सप्ताहाचा करार केला

आणिक् ऊडक्यासत्तव नगरांत् आणि देशा न्तरीं मनुष्यं नियमित केले आणि आपणाही फिरूं लागला एक दिवस् रात्री साऊकार आणि त्याची स्त्री एकेघाच्या वर निजले हो तेत् अर्द्धरात्रीं त्याहां दोघाचीं कोंप उघ उली व साऊकाराचे नवरीची दृष्टि त्या मडक्यावर पडली महाजनास् पुसों काली जे या मडक्यां काय आहे? त्याने उ त्तर दिल्ह जे हे गोष्ठ बायकोस् सांगायाची नव्हे। तिन बऊतच् हट केला जे मला हे गोष्ठ अवश्य सांगितली पाहिजे नाहीं तर मीं अडांत् उडी घालीन्।

साऊकाराने म्हटल जे म्यां राजपुत्रास् न गाचे लोभेन मारून् त्याचे नगवज सर्व घे ऊन् त्याच मड या मडक्यांत पुरून् ठेवल आहे हे गोष्ठ तूं कोणहास् सांगूं नको ईश्व र इछेने त्याचे दोन तीन दिवसानन्तर त्या

दोघांत् कलह झाला नवऱ्याने नवरीस् मारल तिने मोठ्याने हांकां मारून् म्हटल जे या हत्याऱ्याने राजपुत्रास् धनाचे निमित्त मारल आतां मला मारूं इच्छितो। त्या समयी कोतवाल त्याचे भिन्ती खाले उभा होता त्या अवघ्या गोष्टी आयकून् साऊकारास् धरून् बरे प्रकारे बांधून् राज्या पुढे हाजिर केल यद्यपि महाजनाने म्हट्ल जे अरे कोतवाला तुझी मझी मोटी प्रीति आहे त्यावर दृष्टि करून् मला या प्रकारे राज्याजवळ न को नेऊं त्याने गोष्ट मनांत् न आणून् अपमानाने राजसभेत नेल आणखीन् म्हटल जे राजपुत्राचा वध करणारा हा आहे राज्याने पूर्व प्रीति न विचारून् क्रोधाने विचारही न केला व त्याचे वधाची आज्ञा दिल्ही तेव्हां साऊकाराने आपले मनुष्यास् म्हणून् राजपुत्रास् आणवून्

राज्या समोर उभं केलं। राजा आपले लेकास् पाहून् साऊकाराशी फार लज्जित झाला आणि म्हटलं जे याचं कारण काय आहे? विस्तार रूपेंन सांग्. त्याने त्या वस्त्र पुरल्या मडक्यास् राज्याचे समीप आणून् अवघी वार्ता आदिपासून् अन्तपर्यन्त सविस्तर राजश्रीवंत विनन्तीकेली।

For EU product safety concerns, contact us at Calle de José Abascal, 56–1°, 28003 Madrid, Spain or eugpsr@cambridge.org.

www.ingramcontent.com/pod-product-compliance
Ingram Content Group UK Ltd.
Pitfield, Milton Keynes, MK11 3LW, UK
UKHW012346130625
459647UK00009B/575

* 9 7 8 1 1 0 8 0 5 6 3 1 1 *